WITHDRAWN

QUE ME ENTIERREN CON NARCOCORRIDOS

QUE ME ENTIERREN CON NARCOCORRIDOS

Las historias de los gruperos
asesinados

Edmundo Pérez

Grijalbo

Que me entierren con narcocorridos
Las historias de los gruperos asesinados

Primera edición: agosto, 2012

D. R. © 2012, Edmundo Pérez

D. R. © 2012, derechos de edición mundiales en lengua castellana:
Random House Mondadori, S. A. de C. V.
Av. Homero núm. 544, colonia Chapultepec Morales,
Delegación Miguel Hidalgo, C.P. 11570, México, D.F.

www.megustaleer.com.mx

Comentarios sobre la edición y el contenido de este libro a:
megustaleer@rhmx.com.mx

ISBN 978-607-311-083-9

Impreso en México / *Printed in Mexico*

Para Sonia, Óscar y Eunice,
por todas las horas que les quedé a deber

A la señora Paty, Alexis, Iyari, Laura y Rosario,
por dejarme ser parte de las historias de TV Azteca

Índice

OTROS EJECUTADOS POR EL CRIMEN ORGANIZADO

SECUESTROS, INTIMIDACIONES Y ATENTADOS

Prólogo

Muertes, desapariciones, tiroteos, miedo, odio, saña... Todo eso arrastra hoy a la sociedad mexicana por una decisión desatinada del poder, y no es para menos. Lo cierto es que no existe ningún rincón del país libre de tensiones ni de violencia: cuando no ocurren balaceras entre narcos y militares, aparecen cuerpos decapitados o desmembrados; cuando no hay enfrentamientos entre cárteles rivales, secuestran o matan a un periodista, a un artista o a un compositor; y cuando no hay balaceras ni muertos, aparece la fuerza excesiva del Ejército, haciendo funciones policiacas y cometiendo atropellos contra la sociedad.

Hoy, el mayor escándalo es la presunta corrupción de altos mandos del Ejército mexicano, a quienes se acusa de brindar protección al cártel de Sinaloa, en particular a la organización de los hermanos Beltrán Leyva. Es indudable que todo lo toca, todo lo alcanza el narco y su poderosa saña y corrupción.

Esto viene a cuento del libro *Que me entierren con narcocorridos*, del colega periodista Edmundo Pérez Medina, en el que se documenta la barbarie —no se le puede llamar de otra manera— de violencia y muerte que enfrentan algunos cantantes y gruperos de México. Su fama y arte no han constituido un dique que los mantenga a salvo de esa brutal saña, pues muchos han muerto a tiros, otros descuartizados, y unos más perdieron la vida después de ser torturados.

Leer los casos que relata Edmundo Pérez en *Que me entierren con narcocorridos*, me permite también lanzar varias pregunta: ¿qué mueve a los cantantes y gruperos a ligarse con los capos, las *madrinas* y los distribuidores de drogas? ¿Qué atracción ejercen estos hombres del poder mafioso en los artistas? ¿Acaso quien es contratado por el narcotráfico para ofrecer un espectáculo ya no puede abandonar ese mundo y a esos clientes?

A partir de la lectura de este libro, todo me indica que las relaciones entre artistas y capos derivan en una adicción tan potente como la heroína u otras drogas. En ese mundo hay olor a prostitución, a drogas, a dinero sucio. Al menos esa sensación me dejan las historias que narra Edmundo, que por cierto son el primer documento periodístico que reúne un completo *dossier* de casos cuyo valor es indiscutible y nos impide olvidar que todas las muertes narradas en esta obra duermen en la impunidad, como tantos otros crímenes perpetrados en medio de esta mal implementada guerra contra la delincuencia organizada.

Cabe aclarar que no todos los artistas transitan por esos caminos espinosos. Hay quienes trabajan con ética y honestidad; incluso, no todas las historias que relata Edmundo Pérez tratan de vínculos comprobados entre artistas y narcotraficantes —aunque pesa la sospecha—, pues, por desgracia, tales investigaciones no están concluidas por las autoridades responsables.

Edmundo Pérez se abocó a un trabajo periodístico difícil y no menos peligroso en estos tiempos en que México es el país más inseguro del mundo para ejercerlo. Su trabajo también resulta complicado no sólo para reunir la información de los personajes, sino para investigar a fondo, contactar amigos y familiares de las víctimas, y adentrarse a la vida privada —que en el caso de los artistas es pública— para conocer el entorno que rodeó a vocalistas, arreglistas y compositores antes de morir.

El riesgo que enfrentó Edmundo Pérez no cualquiera lo vive, y es de reconocerle ese arrojo, que más bien es una pasión por documentar una historia, por confirmar un dato, el impulso de un periodista que se sabe como tal a pesar del olor a muerte que invade al país.

Las historias que narra Edmundo están contadas con un lenguaje claro y directo, siguiendo las reglas ortodoxas del buen periodismo. No hay opiniones ni se deslizan insinuaciones; tampoco comentarios ni planteamientos editorializados, vicios que arrastra el periodismo moderno, sobre todo el que practican algunos medios oficialistas. Va al grano, al nudo, al centro de las historias, para adentrarnos en una realidad que resulta ser tan poderosa que no tiene cabida la ficción.

En este libro se documentan los casos de *Chalino* Sánchez, quien grabó 21 discos durante su trayectoria artística, y por ello era conocido como *El pionero del corrido bravío*; también destaca el caso de Leonardo Martínez Flores, hijo de la cantante Beatriz Adriana, víctima de un secuestro que se cometió con el fin de despojar de propiedades y dinero tanto a la madre del occiso como a su ex pareja.

No menos importante es la historia que se narra sobre Los Tucanes de Tijuana, cuya fama no está exenta de sospechas por sus presuntas vinculaciones con los varones del cártel de Tijuana, según esta investigación.

No es todo: también es de llamar la atención el caso de Ramón Ayala, *el Rey del Acordeón*, quien fue detenido en diciembre de 2009 cuando tocaba en una *narcofiesta* celebrada en Tepoztlán, Morelos, a la que se presume asistió Edgar Valdez Villarreal, *la Barbie*, entonces jefe de sicarios de Arturo Beltrán Leyva, *el Barbas*.

Dolor provoca leer la historia de Sergio Gómez, vocalista del grupo K-Paz de la Sierra, quien fue torturado por narcos, enojados presuntamente por una relación sentimental que le prohibieron mantener.

En el narco, las traiciones, y pasarse de listo con una mujer comprometida, se paga con la vida. Y así pagó Sergio Gómez. El sabía que sus andanzas traerían consecuencias y así lo expresa Humberto Durán, ex integrante del grupo musical, cuando recuerda lo que su compañero le comentó:

"Al principio me dijo algo que me sorprendió, desde el concierto de Tlalnepantla; me dijo que se sentía nervioso, muy raro, y yo lo abracé. En Morelia, antes del concierto, me dijo: '¿Sabes algo?, no tengo miedo de morirme y si me muero lo hago feliz porque he llevado al grupo [K-Paz de la Sierra] hasta donde he querido'".

En estas, y en el resto de las historias que nos cuenta Edmundo Pérez, hay emociones encontradas, tristeza y enojo al mismo tiempo. Quizás estas muertes nunca se aclaren, por eso cobra valía el trabajo periodístico de mi colega, quien con su esfuerzo nos sacude el interior y nos dice a la sociedad que no permitamos caer en la desmemoria.

Hoy, el gobierno ha censurado el narcocorrido; absurda medida. El corrido fue la expresión artística que dio sentido a las hazañas de los revolucionarios de 1910, aquellos que lucharon, no dudo, por el México justo que hoy está extinguido.

El narcocorrido, otra de las expresiones populares, ya no se puede escuchar, según el gobierno. Quizá ya no pueda escucharse, pero lo que no se puede censurar es la libertad de creación porque es inherente al ser humano.

RICARDO RAVELO
Mayo de 2012

CASO: *CHALINO* SÁNCHEZ

Mensaje con sentencia de muerte

Eso es lo que creo, que lo mataron porque estaba logrando mucho en poco tiempo y sin el apoyo de la radio o de las maquinarias de publicidad.
Renan Bouchot, compadre de *Chalino* Sánchez, Univisión, 1992.

Grabó 21 discos durante su trayectoria artística, se convirtió en el pionero del corrido bravío, en un ídolo de la música de banda, y sobre todo en un personaje querido y admirado en México y parte de los Estados Unidos, país en el que vivió gran parte de su vida.

Pero su exitosa carrera fue inesperadamente truncada...

15 de mayo de 1992

Franqueado por un grupo de hermosas edecanes y vistiendo un traje sastre color gris, coronado por su inseparable sombrero texano, esa noche *Chalino* Sánchez interpretó ante más de dos mil personas lo mejor de su repertorio: *Nieves de enero, El general y el sargento, Los ángeles del cielo, Alma enamorada, El Pitallón, El navegante, Una tarde* y *El pávido návido*, acompañado por el grupo Los Amables del Norte.

Con su voz hizo vibrar las almas de los asistentes al Salón Bugambilias, un desveladero en Culiacán, Sinaloa, donde cantó ya entrada la noche. Había gente de todos los municipios. Todos iban para ver, escuchar, palpar y estar cerca del gran ídolo de Sinaloa. ¿Quién pensaría que esa noche lo que verían sería su última actuación?

Alguien, un aficionado, traía una cámara de video y grabó toda la actuación de *Chalino* Sánchez, incluyendo el momento en que recibió una nota escrita cuando interpretaba la canción *El general y el sargento*.

Para quienes atestiguaron ese momento, el mensaje parecía ser otra más de las peticiones para que interpretara una canción, pero los instantes siguientes cambiaron esa percepción.

Chalino leía el escrito mientras su rostro se tornaba preocupado, apesadumbrado, y en un instante su sonrisa, hasta entonces alegre y festiva, cambió para desfigurarse.

Nadie supo en realidad qué era lo que decía aquella nota, pues cuando *Chalino* terminó de leerla la guardó en una de las bolsas de su saco y dirigió su mirada hacia el público como buscando algo o alguien...

Su excitación creció y la desconfianza que ya había generado en él hizo que finalmente bajara del escenario para abandonar el salón.

El testimonio de aquellos instantes quedaría grabado en un documento videográfico que hoy puede verse como fiel testigo de los momentos previos a la muerte del cantante, en la página web de Youtube www.youtube.com/watch?v=E-GVfa Ej3LU&feature=related.

¿Qué decía aquel mensaje? Nadie lo supo, pero se presume que era una amenaza de muerte. Aquella intimidación hizo que *Chalino* Sánchez abandonara inmediatamente el Salón Bugambilias para buscar refugiarse en su residencia.

Supuestos policías federales

Era la madrugada del sábado 16 de mayo, *Chalino* se dirigía a su casa por calles de Culiacán, Sinaloa, a bordo de una camioneta Suburban color negro, cuando fue interceptado por un grupo de hombres armados que vestían uniformes de la policía federal.

Por la fuerza fue obligado a bajar de su camioneta y subido a otro vehículo, que partió hacia las afueras de la ciudad.

Esa noche *Chalino* había olvidado llevar consigo su inseparable compañera: una pistola que siempre traía sujeta al cinto.

Alrededor de las seis de la mañana, dos campesinos que caminaban por un canal de irrigación, cerca de la carretera norte, hicieron un macabro hallazgo: un cuerpo humano con los ojos vendados, marcas de soga en las muñecas y dos impactos de bala en la nuca. Era un cantante... ¡Habían asesinado a *Chalino* Sánchez!

La noticia no tardó en propagarse, primero en Sinaloa y después en todo el país. Los periódicos encabezaron sus primeras planas con una macabra cintilla: "Chalino Sánchez, secuestrado y ejecutado".

Orígenes humildes

Originario de Badiraguato, Sinaloa, *Chalino* Sánchez, cuyo verdadero nombre era Rosalío Sánchez Félix, nació el martes 30 de agosto de 1960. Perteneció a una familia de clase humilde, formada por sus padres, Santos Sánchez y Senorina Félix, y sus hermanos, Armando Lázaro, Régulo, Lucas, Espiridión, Francisco y Juana.

Se crió en el rancho El Guayabo, y a los cuatro años enfrentó por primera vez la tragedia al morir su padre.

Sin embargo, perder al hombre que representaba su mayor admiración provocó que *Chalino* creciera con una gran necesidad de afecto y cariño. Comenzó a acercarse a los hombres mayores, buscando quizás en ellos la imagen paterna que tanto le faltaba.

Sin el pilar de la casa, el panorama para la familia también cambió; se enfrentaron al desamparo y desde entonces los hermanos tuvieron que trabajar para subsistir.

Pero poco cambiaron las cosas. *Chalino* apenas estudió la primaria y, como en el rancho no había posibilidad de futuro, mucho menos de prosperidad, siguió el ejemplo de decenas de jóvenes que buscan mejores horizontes y cruzó ilegalmente a los Estados Unidos. En 1977, *Chalino* Sánchez tomó la ruta que lo llevó a buscar prosperidad.

Pero existe una versión que asegura que *Chalino* en realidad huyó de México tras haber asesinado a un hombre rico y poderoso que había violado a su hermana Juana.

Es que, desde la muerte de su padre, *Chalino* se formó un carácter valiente y defensivo, y al llegar a la adolescencia comenzó a portar pistola, como la gran mayoría de los jóvenes en Sinaloa.

En los Estados Unidos comenzó a trabajar en diversos oficios, uno de ellos el de recolector de uvas y limones en los campos de Coachella, California. Fue en aquel tiempo cuando conoció a

Marisela Vallejo Bolaños, originaria de Mexicali, Baja California, amiga de su hermana Juana, con quien inició una bonita amistad que al cabo de varios meses culminó en matrimonio.

Con Marisela, *Chalino* procreó a sus hijos Adán Santos y Cynthia Sánchez Vallejo. Pero no todo transcurría felizmente en su vida, pues cuando apenas se estabilizaba con su pareja sentimental recibió una devastadora noticia: su hermano Armando había sido asesinado y encontrado muerto en el interior de un hotel, presumiblemente por una traición.

El dolor por la pérdida de Armando hizo que *Chalino* escribiera sus primeras canciones alusivas a la muerte, a la tragedia y al narcotráfico.

El intérprete pionero del corrido bravío

Como cantante, *Chalino* se hizo conocido entre su grupo de amistades, pero quería llegar más allá, que la gente lo conociera, que lo escuchara; quería mostrar su talento y que supieran que no sólo había nacido para recolectar frutas y verduras.

Quiso el destino que uno de sus amigos lo presentara con el productor Ángel Parra, dueño de los estudios de grabación San Ángel, quien, aunque dudaba de su estilo interpretativo, aceptó realizarle un demo musical.

Acompañado por el grupo norteño Los Cuatro de la Frontera, *Chalino* Sánchez grabó 10 corridos de su propia autoría, *El Sapo*, *Beto López*, *Triste Villegas*, *Los sinaloenses*, *El Rey Luna*, *Cano Zazueta*, *Ariel Caro*, *Juan Ramos*, *Dos venganzas* y *Armando Sánchez*, este último dedicado a su fallecido hermano.

> Él tenía también un don para componer. Él no componía muchas canciones bonitas, solamente compuso dos, pero compuso muchos corridos buenos. Él está en un buen lugar para mí como compositor. Él, como compositor, tuvo una corta carrera, y otros compositores como Teodoro Bello y Paulino Vargas han tenido una larga carrera, como 30 o 40 años. La carrera de *Chalino* como compositor y artista duro nomás ocho o nueve años. En su poco tiempo logró mucho. [**Nacho Hernández**, compositor, líder y fundador del Los Amables del Norte, amigo de *Chalino*, www.losamablesdelnorte.com]

Pero, a pesar de la poca expectativa que había generado la grabación de su primer disco, una vez que se empezó a difundir *Chalino* cobró relevancia entre la comunidad méxico-americana.

En sólo unos meses, sus canciones alcanzaron popularidad. Comenzó a grabar con grupos como Los Amables del Norte, Banda la Costeña, Banda Culiacán, Los Guamuchileros y Banda Flor del Campo, y a finales de los ochenta ya era una de las figuras reconocidas de la música de banda en los Estados Unidos y México.

Chalino Sánchez componía corridos a quien se lo solicitaba, no discriminaba ni era selectivo, y de paso asistía a cantar a fiestas de cualquier tipo, "siempre y cuando pagaran", decía.

Sus ganancias crecieron, al igual que su fama. A principios de los noventa recorrió Texas, Arizona, Baja California, Sinaloa, Tijuana, Chihuahua y Matamoros, logrando lo que tanto había soñado: cantar en los más prestigiados escenarios: el Parral Nightclub, el Farallón, el Keystone Mostrar Ford y el Noches de Taconazo, en Los Ángeles.

Se convirtió en un ídolo, y como tal, muchos le tuvieron envidia; algunos porque tenía fama y fortuna, otros porque las mujeres lo acosaban.

Alcanzó un nivel de estrella como pocos artistas. Y ese quizá fue su pecado.

Renán Bouchot, compadre de *Chalino*, aseguró en una entrevista difundida por la cadena Univisión que su fama pudo haber sido la razón que lo llevó a la tumba. "Eso es lo que creo, que lo mataron porque estaba logrando mucho en poco tiempo y sin el apoyo de la radio o de las maquinarias de publicidad", dijo.

Perseguido por la tragedia

Chalino Sánchez fue un hombre de carisma. Siempre se dejó querer, fue complaciente y atento, amable y sencillo; pero quienes lo conocieron más estrechamente, aseguran que también se cargaba su carácter, que no le gustaban las injusticias, que era un hombre temerario, valiente, entrón y que nunca se dejó de nadie.

Nacho Hernández, músico y compositor de temas como *La vida prestada*, *El limpia vidrios* y *Tus lindos ojitos verdes*, acordeonista y fundador del grupo Los Amables del Norte, narra en una entrevista publicada en la página oficial del grupo, el día en que se topó por primera vez con *Chalino* Sánchez:

Yo conocí a Chalino como en el 89. En cuanto lo conocí comencé a grabar con él. Luego luego grabamos. Lo conocí en un fin de semana y a los tres días empezamos a grabar. Lo conocí allá en Inglewood. Resulta que era vecino de un amigo mío que me había regalado un acordeón Gabannelli, bien bonito. Me dijo: "¿oye a quién crees que tengo de vecino? ¡A *Chalino* Sánchez!" A mí no me gustaba mucho *Chalino*, ni sus corridos como *El Sapo*. Me decía que él quería grabar conmigo. Me dijo: "A él le gusta el estilo de ustedes y quiere grabar". Dicho y hecho, y luego de volada llegó mi compa *Chalino* con su pistolona por fuera al estudio. Me dijo: "Qué onda, a ver vamos a ensayar algo". El primer corrido que ensayamos fue el de *Tino Quintero*. Ese corrido era mío, nomás que me lo robaron. Pues por no saber y por no estar yo consciente de cuando compone uno una canción la tiene que registrar.

Mi compa *Chalino* era una persona muy carismática, era un buen amigo. Muy alegre, muy bromista, pero bromista sano. Pero, aparte, era muy delicado, se enojaba de volada. O sea, no le gustaba que la gente hiciera cosas que no debería de hacer. A mí me tocó ver eso en una ocasión. Un novio de una prima de él, en la fiesta en donde bailaba *El sauce y la palma*, nosotros estábamos tocando y él andaba bailando con su hermana, pues el novio de su sobrina me contrató a mí esa vez. Cobré mil dólares y lo de la gasolina en aquel entonces, y el *vato* me da los mil dólares y me dice: "Compa, ahorita le traigo pa' la gasolina", y entonces un amigo de *Chalino* me da cien dólares pal gas y me dice: "Compa Nacho, ahí le va pa' la gasolina". Después el *vato* le arrebata los cien dólares de la mano y me los da a mí. *Chalino* le dice: "¿Compa, usted conoce bien a ese *vato*?" *Chalino* se enoja y le dice que no ande arrebatando el dinero de la mano y se va atrás de él. Y le reclama: "¿Por qué le quita el dinero de la mano a mi compa?" Él le contesta: "No compa, disculpe". *Chalino* le dice: "No seas pendejo, hijo de la chingada", así le dijo bien feo, y dijo: "Fíjese bien, compa, porque pa' la otra no se la perdono".

Él no era peleonero, como decir así nomás por nomás. Él era gallo, era bravo, era un valiente siempre.

Primer atentado contra *Chalino*

En enero de 1992, *Chalino* asistió a una presentación en el Salón Los Arcos, en Coachella, California, junto con Los Amables del Norte. Cantó como siempre, entregando todo el corazón y el sentimiento sobre el escenario. Pero ese día un hombre le pidió que le cantara un corrido y luego le disparó, dejándolo gravemente herido.

Nacho Hernández estuvo ahí y presenció la agresión:

—Aquella vez que lo balacearon allá en Coachella, a mí también me pegaron un tiro. El amigo se le paró por un lado y le pone la pistola en la cabeza. El amigo acciona la pistola y le tira y le pega. *Chalino* también tenía su pistola puesta y una persona que tenga la pistola puesta, pa' que la dispare hay que tener muchos huevos, y *Chalino* la sacó, pero el amigo le ganó y le pegó dos tiros debajo del brazo derecho. *Chalino* también le tiró y el amigo se barrió, pero la pistola de *Chalino* se le trabó.

—Muchos dicen que ese intento solamente fue un acto de una persona tomada, y que fue un accidente o un malentendido. ¿Cuál piensas que fue la razón de que ese hombre disparara a *Chalino*?

—Yo pienso que fue mandado. Yo creo que al señor lo mandaron para que pusiera a *Chalino* en vergüenza delante de la gente. Para ponerle la pistola en la cabeza y que *Chalino* dijera: "¡No, no, yo no peleo!", bueno para ver si se rajaba, pues. Como que a eso iba el señor, a avergonzar a *Chalino* delante de la gente, eso es lo que yo pienso.

—Se ha escuchado que el señor también fue balaceado, ¿es cierto?

—Al señor no lo balacearon, un camarada de nosotros que andaba ahí lo golpeó. Le pegó una trompada y lo tumbó. Mucha gente lo pateó. El señor ahora todavía creo que está en la cárcel.

—Después de ese intento, ¿cambió el carácter de *Chalino* o siguió igual?

—Él siguió igual, él era de mucho valor. Él, cuando fue a Culiacán, mucha gente le decía que no fuera porque lo iban a matar. Él decía: "¿Por qué me van a matar?" "Porque tú mataste a fulano de tal", muchos le decían.

Presentimientos de muerte

El primer atentado que dejó herido a *Chalino* Sánchez, y del que logró salvar su vida milagrosamente, ocurrió cuatro meses antes de que fuera secuestrado y asesinado en Culiacán.

Desde aquel incidente, el cantante siempre andaba armado, se sentía seguro con su pistola, pero hay quien asegura que muy adentro vivía atemorizado, e incluso tenía el presentimiento de que pronto iba a morir. Tal y como lo recuerda su compadre Nacho Hernández:

—Pienso que sí presentía la muerte, porque antes de ir a Culiacán vendió todo su material. Le vendió todo a Musart. Yo creo que para ayudar a su familia por si algo le pasaba. Él era un hombre de armas, y cuando un hombre es de armas, pues tiene que tener en la mente que lo pueden matar.

—La noche que lo mataron en Culiacán, ¿notaste algo raro?

—Esa noche yo lo miraba bien, hasta que vimos el video. Le mandaron un papel y él se notó raro. Como que se sacó de onda cuando miró el recado. Nunca nos dijo qué decía, si decía "te vamos a matar ahora", o algo así.

Chalino Sánchez fue sepultado el domingo 17 de mayo de 1992 en el panteón Los Vasitos, de la localidad del mismo nombre, sindicatura de Las Tapias, en Culiacán, Sinaloa.

En medio de una gran consternación, su público, el que un día antes se había desvelado presenciando su actuación en el Salón Bugambilias, estaba nuevamente ahí presente, con lamentos, sollozos, con el corazón destrozado, con incredulidad, con el sentimiento y los rostros desfigurados.

Se iba un ídolo, pero sobre todo un gran amigo de los sinaloenses.

Un auténtico ídolo de la música norteña

La inmortalidad artística de *Chalino* Sánchez comenzó con su propia muerte. Al paso del tiempo, se ha convertido en un fenómeno de la música regional mexicana y sus canciones han permanecido vigentes en el gusto de su público de ayer y en el de las nuevas generaciones.

En su compañía discográfica, Musart, existen registros que avalan ventas superiores a las que reportaba cuando vivía.

Después de su muerte, su fama creció mucho. Pero *Chalino* era chingón en vida. No fue porque murió, él ya era chingón en vida. Muchos dicen que fue sólo famoso porque lo mataron, pero no señor, *Chalino* era cabrón. Pero nadie lo promovía. ¿Cómo lo iba a conocer la gente tanto? En las partecitas que lo conocían, él era un fenómeno. A las siete de la noche, compa, allá en Los Arcos, el salón se iba a reventar de tanta gente. Antes él solo vendía sus discos, iba a San Luis Río Colorado, a Mexicali, a Tijuana. Él ahí metía mucha gente porque ya lo conocían.

Su voz era única, no hay otra voz como la de él. Dice mucha gente que cantaba horrible; sí, pero es una pinche voz única y el acordeón único. Por eso fue un *chingadazo*, la voz de él y mi acordeón. Ésa fue una combinación perfecta, aunque tenga que decirlo yo mismo. [**Nacho Hernández**, www.losamablesdelnorte.com]

Chalino Sánchez, una vida de peligros

Bajo la perspectiva de ser un homenaje a *Chalino* Sánchez, el director estadounidense Henry Zakka realizó en 2004 el video documental *Chalino Sánchez, una vida de peligros*, en el que reseña la vida y muerte del compositor y cantante, también llamado *el Gallo de Sinaloa*.

Con una investigación de la escritora Gabriela Teissier y la participación del propio hijo del cantante, Adán *Chalino* Sánchez, el documento compiló testimonios y documentos inéditos, así como narraciones de personas que estuvieron cerca del artista desde su juventud hasta el día de su muerte.

Este documento fílmico, proyectado durante el Octavo Festival de Cine Latino en Los Ángeles, incluyó una entrevista en la que el propio hijo del ídolo irónicamente hizo una profecía que se cumplió dos meses después, cuando sucedió su propio y trágico final: "Quién sabe si el próximo soy yo".

CASO: LEONARDO MARTÍNEZ, HIJO DE BEATRIZ ADRIANA

Su amigo y secuestrador

Yo venía por mi hijo vivo y hoy me dicen que está muerto, me cuesta mucho trabajo aceptarlo... Querían dinero los señores y pedían 800 mil dólares.
BEATRIZ ADRIANA, cantante, *El Noticiero*, 19 de julio de 2000.

Le abrió las puertas de su casa y le dio toda la confianza, al cabo y era amigo de su hijo Leonardo. Pero lo que no sabía la cantante Beatriz Adriana es que aquel muchacho, que hábilmente se introdujo en la intimidad de su familia, pertenecía a una banda de secuestradores. Y él la llevó a vivir la más dolorosa historia que una madre puede enfrentar: la muerte de un hijo.

Julio de 2000

Durante un viaje a Tijuana, Leonardo Martínez Flores (nacido el 24 de agosto de 1978), hijo de la cantante Beatriz Adriana, y el corredor de autos Leonardo Martínez (fallecido en 1991), habían conocido a un adolescente de nombre Aquiles Veljis Hernández, un muchacho de aparente buena posición económica, con quien el primero luego se reencontraría en la Ciudad de México.

Aquiles Veljis Hernández sabía, por boca de Leonardo Martínez , que su madre era la cantante Beatriz Adriana. Había viajado desde Tijuana para buscar nuevamente a su reciente amigo y convencerlo de asociarse en un negocio de compraventa de autos usados.

Sin embargo, Leonardo no estaba seguro de querer entrarle al "buen negocio" que le proponía Aquiles, por lo que días después lo descartó. Aquiles continuó visitándolo mientras se ganaba su confianza e iba conociendo directamente los movimientos de la familia, principalmente los de Beatriz Adriana.

Aquiles constantemente preguntaba a Leonardo sobre las ganancias económicas de su madre y del compositor Marco Antonio Solís, *el Buki*, ex pareja sentimental de la cantante, pero con quien aún mantenía amistad. Insistentemente indagaba sobre el valor de las propiedades y el patrimonio de ambos artistas. Pero esa insistencia por conocer detalles personales del entorno de Leonardo Martínez hizo que Beatriz Adriana comenzara a dudar sobre la personalidad de Aquiles y el interés que tenía sobre su hijo, y cuando estaba por investigarlo ocurrió la tragedia...

15 de julio

Leonardo había viajado a Ensenada para asistir a un concierto que *el Buki* realizaría en el palenque de la tradicional feria.

Curiosamente, a sólo unos metros de las instalaciones de la feria, casi cuando estaba a punto de entrar al palenque, Leonardo se topó "casualmente" con Aquiles Veljis, quien lo persuadió para que lo acompañara hasta un automóvil ubicado en el estacionamiento del palenque, donde ya se encontraban otros dos sujetos, que sin mediar palabra lo secuestraron.

En realidad, el plan original de la banda era secuestrar a la media hermana de Leonardo, la entonces niña Beatriz Solís, para exigir un millonario rescate a su padre, *el Buki*.

Sin embargo, al no asistir Beatriz al concierto junto con su hermano Leonardo, los secuestradores decidieron hacer cautivo al hijo mayor de Beatriz Adriana.

Horas más tarde, la cantante, quien se encontraba en su casa de la Ciudad de México, recibió la primera de dos llamadas telefónicas en las que le exigieron el pago de 800 mil dólares por la liberación de Leonardo Martínez.

Durante cuatro días, la intérprete de temas como *La basurita*, *Acá entre nos*, *Dos palomas al volar*, *La charreada*, *El cofrecito* y *Macho panzón*, entre otras, intentó reunir la cantidad de dinero exigida, pero sólo pudo juntar 40 mil dólares, suma que ofreció a los captores de su hijo, quienes le ordenaron esperar una siguiente llamada. Esa llamada nunca llegó...

Doble muerte

Elementos de la policía municipal localizaron dos cuerpos ejecutados y tirados en un basurero ubicado al sur de Tijuana. Uno de ellos presentaba un disparo en la cabeza. Los cuerpos fueron trasladados al Servicio Médico Forense (Semefo) de la entidad fronteriza, donde horas más tarde se reveló su identidad: se trataba de Leonardo Martínez Flores, hijo de Beatriz Adriana, y Aquiles Veljis, su "amigo", y uno de los propios secuestradores.

Esa misma noche, Beatriz Adriana confirmó al periodista Joaquín López Dóriga, en el noticiero nocturno de Televisa, la noticia de la muerte de su hijo.

Presa del dolor y el llanto, explicó cómo ocurrió el deceso: "Yo venía por mi hijo vivo y hoy me dicen que está muerto, me cuesta mucho trabajo aceptarlo... Querían dinero los señores y pedían 800 mil dólares".

Identifican a los asesinos

El domingo 21 de abril de 2001, elementos de la Policía Judicial Federal localizaron y detuvieron en Rosarito —un municipio aledaño a Tijuana— a Humberto Iribe Monroy, señalado como el autor material del homicidio de Leonardo Martínez y Aquiles Veljis, en una casa propiedad de su madre.

La aprehensión se realizó en cumplimiento de una orden girada por el Juez Tercero de Distrito, con sede en la Ciudad de México, en atención a una solicitud del gobierno de los Estados Unidos por presunto delito de tráfico de drogas, que derivó en el descubrimiento de otras actividades, entre ellas el secuestro.

La indagatoria del Ministerio Público reveló que otro sujeto de nombre Arturo Pérez Ayala, alias *el Turi*, ex agente de la policía municipal, también pertenecía a esa banda de secuestradores.

Héctor Manuel Álvarez Gutiérrez, alias *el Tío Manolo*, tío de Aquiles Veljis Hernández, fue identificado como el autor intelectual de la muerte de Leonardo Martínez y Aquiles Veljis.

De acuerdo con la dependencia, Álvarez Gutiérrez, quien en algún momento tuvo un acercamiento con Beatriz Adriana, supuestamente por la relación familiar con su sobrino Aquiles, era uno de los principales distribuidores de heroína en la zona norte del país y, desde hacía varios años comandaba una banda de secuestradores.

De acuerdo con una nota firmada por el periodista Sergio Reyes Reséndiz, publicada el sábado 28 de agosto de 2010 en el periódico *Imagen*, edición de Aguascalientes (y en el portal www.imagenzac.com.mx, perteneciente al Grupo Editorial Zacatecas), *el Tío Manolo*, quien también se hacía llamar *el Tijuano*, fue detenido por agentes de la procuraduría del estado en la ciudad de Aguascalientes:

> También conocido como "Manolo", es uno de los "peces gordos" del temido y poderoso cártel de Tijuana, buscado por el gobierno de Estados Unidos, como uno de los principales distribuidores de metanfetaminas.
>
> Con la detención quedó de manifiesto que el "lavado de dinero" en Aguascalientes está inmerso en todas las ramas de la economía.
>
> El presunto capo de la droga también se le relaciona con el secuestro y muerte del hijo de la cantante Beatriz Adriana.
>
> "El Tijuano" vivía en esta ciudad con su familia. Era propietario de los dos restaurantes de mayor éxito de la capital, El Mesón del Borrego y el Asadero Muzquiz, así como de varios lotes de autos y bienes y raíces y otras tiendas de ropa.
>
> Fue capturado tras un impresionante y bien organizado operativo en el restaurante Asadero Muzquiz, ubicado a un lado del Campestre de esta ciudad, por agentes de la Agencia Federal de Investigaciones (AFI).
>
> De inmediato fue trasladado a la Ciudad de México en un Jet Sabre Liner matrícula XE-AA89 fuertemente custodiado, donde quedó a disposición del Juez Séptimo de Distrito de la capital del país.
>
> El presunto narco no tenía orden de aprehensión de las autoridades mexicanas. Su detención fue producto de la orden de un juez de Los Ángeles, California.
>
> Al respecto, el delegado de la PGR, Eduardo Antúnez Lugier, indicó que "cuando menos en su gestión" este individuo no tenía protección de nadie y por ello fue detenido.
>
> Eduardo Antúnez Lugier informó que desde hace días se le investigaba a Álvarez Gutiérrez, y que el presunto narcotraficante

enfrentaba un juicio de extradición hacia Estados Unidos debido a que lo acusaron de comercio de metanfetaminas.

Los trámites de extradición se iniciaron el mismo lunes en la Ciudad de México.

El funcionario federal manifestó que ahora a la PGR le corresponde investigar todos y cada uno de los negocios de "Manolo", sobre el presunto "lavado de dinero", así como a sus abogados defensores, por su presencia económica del estado.

El presunto delincuente, de su primer matrimonio tuvo una hija que fue princesa de la Feria de San Marcos en 1991, y en su segundo matrimonio con una dama de esta ciudad, adquirió los mencionados restaurantes a su suegro.

"El Tijuano" tenía unos ocho años viviendo en esta ciudad sin ser molestado. Sus restaurantes, uno ubicado junto al Campestre y el otro junto al INEGI, a diario atienden cada uno a más de 300 comensales, es decir, son negocios exitosos.

Debido a las últimas muertes y detenciones, el cártel de Tijuana pierde terreno en esta ciudad, desgraciadamente utilizada como un refugio de familias del crimen organizado y de "lavado de dinero".

A pesar de la detención de los presuntos integrantes del grupo delictivo que plagió y orquestó el asesinato de Leonardo Martínez, Beatriz Adriana no pudo encontrar consuelo fácilmente pues el temor a las represalias y a una probable venganza la llevaron a mudarse a los Estados Unidos donde actualmente radica.

"Quién sabe si el próximo soy yo"

Le dije: "Quiero hablar contigo, la muerte está cerca".
Lamentablemente no volvimos a vernos.
Edward'O, astrólogo, *TVNotas*, abril de 2004.

Adán *Chalino* Sánchez fue el resultado del legado artístico y de sangre que dejó Rosalio *Chalino* Sánchez Félix, el ídolo del corrido bravío, secuestrado y asesinado el sábado 16 de mayo de 1992.

Doce años después, el heredero del mítico intérprete y compositor mexicano se haría a la fama por la misma puerta que su padre: la de la tragedia.

El viernes 26 de marzo de 2004, Adán *Chalino* Sánchez, a quien cariñosamente llamaban *el Compita*, se había presentado en Durango ante un público que lo aclamó y vitoreó con cariño; el mismo afecto que recibía en todas partes, quizá porque lo identificaban con su fallecido padre.

En unos días más cumpliría 20 años de edad, pero se sentía feliz de lo que en 10 años había logrado artísticamente.

El nombre y la leyenda de su padre le abrían las puertas en cualquier lugar, pero él, a pulso, se había ganado también ya un sitio en la música grupera.

Pero la tarde del sábado 27 de marzo el destino le tenía preparada una mala jugada...

27 de marzo de 2004

Junto con su representante Lorena Rodríguez Sánchez y su chofer, Adán *Chalino* Sánchez viajaba en un automóvil Ford

Crown Victoria, modelo 1989, rumbo a Nayarit, donde esa noche tendría una presentación.

Al circular por la carretera que va de Rosario a Escuinapa, en Sinaloa, el auto en el que viajaba a gran velocidad rodó sobre una zanja, provocando que una de las llantas delanteras reventara. En segundos, el vehículo dio varias volteretas y lanzó a Adán *Chalino* sobre el pavimento, donde se golpeó fuertemente la cabeza. Su muerte fue instantánea.

Milagrosamente, Lorena Rodríguez y el chofer del vehículo lograron salvar sus vidas, pero tuvieron que ser trasladados a un hospital de Culiacán para ser atendidos.

Una de las primeras versiones en torno a los hechos que costaron la vida al cantante de corridos, señalaba que su vehículo había intentado rebasar a otro automóvil cuando sobrevino el estallamiento de uno de los neumáticos, ocasionando la volcadura.

Sin haber confirmado previamente la versión del accidente, varios medios de comunicación dijeron que el cuerpo de Adán *Chalino* había sido también arrollado por otro vehículo que pasaba justo en ese momento por el lugar del percance.

Lo cierto es que un día después, consternada por la inesperada muerte de Adán *Chalino*, Lorena Rodríguez accedió a dar una entrevista al locutor radiofónico Ricardo Sánchez, *el Mandril*, del programa *Los guapos de la mañana* de la estación Qué Buena de Los Ángeles, California, donde aclaró las especulaciones en torno al accidente (www.chalino.com).

Ese día Adán estaba muy feliz y emocionado, muy contento por todo el apoyo que estaba recibiendo en México, ya que las emisoras de radio lo estaban tocando mucho más, y por tal motivo en sus presentaciones era bien recibido. Estuvimos platicando sobre eso una hora antes de salir de viaje a Tuxpan, Nayarit, donde esa noche del sábado se presentaría.

Curiosamente, al salir del hotel se volteó y me dijo: "Lore, casi nunca te digo que te quiero, pero quiero que sepas que te quiero mucho", y me abrazó fuertemente y me cantó una canción que dice que nadie es eterno en la vida.

Significó mucho para mí ese gesto de Adán, pero ahora que me pongo a pensar, fue como una despedida, aunque él no se imaginara lo que sucedería.

El auto lo conducía una persona que trabaja para el empresario que había organizado el evento. Estábamos como a una hora de llegar a Tuxpan cuando explotó la llanta delantera del auto; en cuestión de segundos explotó otra llanta de la parte de atrás del vehículo; fue cuando en ese momento nos volcamos y empezó a dar vueltas, dando como resultado lo peor, segando la vida de Adán

Lorena hizo una larga pausa, ya que la voz se le quebró al recordar los hechos. *El Mandril* le preguntó sobre la reacción que tuvo ella cuando se enteró de la muerte de Adán.

Cuando me dijeron que había muerto, preguntaba por qué no había sido yo la que murió ahí, por qué él, que apenas empezaba a vivir, con tantos planes y tantas ilusiones que tenía. Hubiera preferido dar mi vida por la de él.

Las heridas físicas no son nada para mí, el dolor moral de esta pérdida es sumamente difícil; lo es para mí, imagínate cómo será para la mamá. Estuve con él casi ocho años, viajando para todas partes y compartiendo mucho tiempo de nuestras vidas juntos; yo era como su segunda mamá, me consideraba parte de la familia porque éramos un equipo lleno de armonía. Marisela, Adán y yo nos llevábamos muy bien, éramos una familia.

Era una persona muy especial, como no hay muchas. Ahora está en el cielo, seguramente está muy feliz por ver todo el apoyo y la respuesta que está recibiendo de todo el público, a quienes les agradecemos mucho.

Disturbios en funeral

Anímicamente destrozada por la dolorosa pérdida de su hijo, la madre de Adán *Chalino*, Marisela Vallejo, viajó desde Los Ángeles para identificar el cuerpo del cantante; luego lo repatrió a los Estados Unidos, donde decenas de fanáticos acompañaron su féretro hasta la iglesia de San Juan de Dios, en Norwalk, donde el jueves 1° de abril fue motivo de una celebración religiosa.

La trágica muerte del hijo de *Chalino* Sánchez superó todas las expectativas de idolatría, atrajo la atención no sólo de todos los medios de comunicación nacionales e internacionales, sino también la de más de 15 mil fanáticos que se reunieron en las calles, siguiendo el multitudinario funeral.

Pero la euforia y excitación incontrolable de millares de admiradores desató disturbios, actos de rapiña y destrucción, que tuvo que ser controlada por la policía antimotines.

Marisela Vallejo, madre de Adán *Chalino*, se disculparía públicamente por la intervención de la policía:

Pido una disculpa a todas las personas que reclamaban por no haber podido ver su cuerpo, la idea inicial fue dejar la caja abierta para que todos lo pudieran ver, pero la decisión de cerrar el ataúd la tomé después que escuché a unas muchachitas que salían llorando y diciendo: "Éste no es mi Adán, no es el muchacho lindo y sonriente al que siempre conocimos". Entonces pensé que era mejor que lo recordaran como era en vida, un muchacho alegre y sonriente; creo que ese recuerdo es mucho más valioso que verlo ahí, sin vida; además, a él no le hubiera gustado ver llorar a toda esa gente.

También pido una disculpa por haber retirado el féretro con su cuerpo, pero ya no dependía de nosotros, la situación se fue de nuestras manos, la policía tomó esta decisión por seguridad de todos los presentes. Espero que por favor entiendan.

Los restos de Adán *Chalino* Sánchez fueron cremados y sus cenizas entregadas a su madre.

Huérfano de padre a los ocho años

Adán Santos Sánchez Vallejo nació el sábado 14 de abril de 1984 en Torrance, en Los Ángeles, California. Fue uno de los dos hijos del cantante y compositor Rosalío *Chalino* Sánchez, y desde los ocho años tuvo que vivir sin la presencia de su padre, quien fue secuestrado y asesinado el 16 de mayo de 1992 en Culiacán.

Creció en el poblado de Paramount, California, y en 1994, a los 10 años de edad, siguiendo los pasos de su padre, inició su propia carrera musical grabando el disco *Soy el hijo de Chalino*, que incluyó los temas *El venado enamorado*, *Adiós querido padre*,

De Michoacán a California, Los pasos de mi padre, El sinaloense, Un aplauso, no sean gachos, El perro y el caporal, Culiacán, Sinaloa, Soy el hijo de Chalino, *Quiéreme siempre* y *Anillo grabado.*
Con estas grabaciones comenzó a ser conocido en el sur de los Estados Unidos.

Aunque su papá cantaba un estilo de música, Adán optó por otro tipo —aseguró su madre—. Él impuso su propio estilo para cantar, quizá hasta desilusionó a mucha gente porque llevaba otra imagen y otro estilo que el de su papá. Adán no cantaba ni compuso narcocorridos; sus corridos llevaban otro mensaje porque era un niño muy soñador y tierno, era romántico de corazón.

Gracias a su franca y carismática sonrisa, y a su presencia escénica, Adán pronto cautivó a los más variados públicos, principalmente al de las adolescentes, que para 1995 ya se contaban por centenas.

Inició su carrera con su nombre de pila, Adán Sánchez, pero al llegar a la adolescencia adoptó, como un tributo a su padre, el sobrenombre artístico de *Chalino.* De esa manera comenzó a alternar con las grandes estrellas de la música de banda.

En menos de un año su nombre ya era identificado en gran parte de la Unión Americana y varios estados de México.

Canciones como *Adiós a mi padre, La corona de mi padre, Homenaje a mi padre, Bandido generoso, Carta de luto, Cuatro espadas, El árbol, Fui tan feliz, Me persigue tu sombra, Necesito un amor, Prenda del alma, Primer amor* y *Te necesito junto a mí,* conformaron parte de las nueve producciones discográficas que realizó durante la década que duró su carrera.

Sin embargo, aunque intentó crear un estilo musical propio, centrándose en la interpretación de baladas románticas, el peso que seguía representando la figura de su padre se convirtió en un difícil obstáculo para su carrera. Pese a las comparaciones, el público lo respetó y le dio su cariño y admiración. "Trato de hacer mi propio caminito, cantando mis propias canciones. Yo creo que mucha gente sigue grabando las canciones de mi padre al igual que yo. Lo que yo quiero, más que nada, es grabar mis canciones y cantar con mi propia voz y estilo sin copiarle a mi padre, a quien admiro mucho", refirió Adán *Chalino* en una entrevista. "Si salen similitudes en la voz y los movimientos, pues ya es por naturaleza", puntualizó.

En 2003, Adán *Chalino* firmó un contrato discográfico con la compañía estadounidense Univisión Music Group, con la que grabó el que sería su último disco, *Un soñador*, el cual consolidaría su carrera al mezclar en una sola producción baladas, rancheras, cumbias y corridos, entre ellas *Deja que salga la luna*, *Estrella en tus ojos*, *Me cansé de morir por tu amor*, *Arriba* Chalino *Sánchez*, *Un soñador*, *Qué platicaremos los dos*, *Pero no sé*, *Paloma negra*, *Y dicen*, *Corrido de Lucio Vázquez*, *Desde que te perdí* y *Te necesito junto a mí*.

Su madre aseguraba:

> Cada que tocaban uno de sus temas, él lo disfrutaba, era un placer para él y un triunfo cada vez que sucedía. Paladeó cada aplauso que recibió, de una o dos personas, o de una multitud completa; él siempre lo agradecía y lo disfrutaba. Su mayor felicidad era estar en un escenario, no importa qué tan grande o pequeño fuera. Hasta cierto punto, era un muchacho cohibido, pero feliz; el cantar era como un juego para él y disfrutaba al hacerlo. Se sentía mal cuando en los eventos veía a las muchachitas tener que soportar empujones, apretones y estar bajo el ardiente sol, sudorosas sólo para verlo cantar. Decía que un día las vería sentadas cómodamente en sus butacas.

Con una importante trayectoria musical y un futuro prometedor, Adán *Chalino* cosechó los frutos de su talento y trabajo. El sábado 20 de marzo de 2004, sólo siete días antes de su muerte, se convirtió en el primer artista grupero en cantar en el prestigiado Teatro Kodak, en Hollywood, un lugar sólo para las grandes estrellas de la música latina... Y venían más proyectos para iniciar su internacionalización.

Predijeron su muerte

En abril de 2004, un mes después de la muerte de Adán *Chalino* Sánchez, la revista especializada en farándula *TV Notas* Estados Unidos, publicó un revelador reportaje en el que el reconocido astrólogo Edward'O, de la cadena Telemundo, predijo el fallecimiento del cantante semanas antes de que ocurriera:

—Le dije: "Quiero hablar contigo, la muerte está cerca". Lamentablemente no volvimos a vernos.

—Edward'O, ¿qué le dijiste a Adán con respecto al peligro que corría?

—Por todos los aspectos astrológicos y kármicos de su carta natal, al acercarse su cumpleaños, le dije: "Quiero hablar contigo porque hay algo aquí serio, relacionado con tu papá y con la muerte, que está muy cerca. Me gustaría que lo analizáramos para evitar cualquier circunstancia que pudiera afectarte". Él se mostró más que interesado en hacerlo; lamentablemente no volvimos a vernos.

—¿Por qué se cumplió esa predicción en una fecha tan cercana a su cumpleaños?

—Porque uno tiende a fallecer dos semanas antes o después del cumpleaños, ya que es el año solar el que determina el inicio o término de los ciclos de cada persona.

Cantar para los Arellano

Nuestro trabajo es componer corridos; no somos policías ni fiscalizadores para andar investigando cuál es el origen del dinero de la persona que nos pide una canción, se cierra el trato y punto.

José Alberto Cervantes Nieto, *el Beto*, compositor y vocalista del grupo Explosión Norteña, *La Crónica*, 22 de diciembre de 2006.

Cuando iniciaron su carrera, su repertorio se conformaba por cumbias y una que otra baladita muy al estilo de la música de banda. Se presentaban en fiestas populares y algunos eventos privados, y fue en uno de ellos donde se hicieron amigos de sicarios y capos del narco, principalmente del cártel de los hermanos Arellano Félix (CAF).

Pero la música de Explosión Norteña gustaba tanto a los mafiosos del crimen, que un día comenzaron a patrocinarlos.

Una nota del *Semanario Zeta* asegura: "Alguien grabó una presentación del grupo en la discoteca de la Zona del Río y copias de ese CD se multiplicaron por toda la ciudad y formó parte de las canciones preferidas de la muchachada. Después de esto grabaron de manera profesional sus composiciones y la comercialización inició con grandes promociones en radio y conciertos masivos. Hoy abarrotan los lugares donde se presentan".

Con el tiempo la banda cambió su habitual estilo musical, dejando atrás las canciones románticas, las baladas sentimentales y las cumbias guapachosas para dar paso a los narcocorridos, un género en el que comenzaron a rendir tributo a las "virtudes" de sus amigos, los jefes del narco.

En cuestión de meses, Explosión Norteña se hizo célebre y muy popular en la región tijuanense, por canciones como *¿Quién soy yo para decir que no?*, *Dueña de mi vida*, *La maldita carta*,

El novio moderno, Don Diablo, La nueva generación, El Muletas y *El Águila Blanca.*

Paulatinamente, Explosión Norteña se fue convirtiendo en el vocero de las actividades ilícitas del CAF, y por pedido comenzaron a componer y ensalzar "en su honor" y a cambio de cinco a diez mil dólares las historias de poder, droga y sangre de Francisco Javier Arellano Félix, *el Tigrillo*; Arturo Villarreal Albarrán, *el Nalgón*; Edgar Adrián Gutiérrez Elenes, *el Cachorro*; Gustavo Rivera, *el P1*; Jorge Briceño López, *el Cholo*, y Mario Alberto Rivera López, *el Cris* (detenido en junio de 2004 y trasladado al penal de La Palma, en Almoloya de Juárez, Estado de México), piezas fundamentales en el organigrama del CAF.

"Nuestro trabajo es componer corridos; no somos policías ni fiscalizadores para andar investigando cuál es el origen del dinero de la persona que nos pide una canción, se cierra el trato y punto", aseguró Alberto Cervantes, compositor y vocalista del grupo Explosión Norteña en una entrevista publicada el 22 de diciembre de 2006 en el diario *La Crónica* (www.cronica.com.mx/nota.php?id_nota=277571).

Pero hacer apologías del narco y trabar amistad con los cárteles le costó caro a Explosión Norteña.

9 de agosto de 2006

Un sujeto de complexión robusta, estatura mediana y tez morena, sin ninguna actitud sospechosa, llegó hasta la casa que servía de oficina a la empresa Champion Musical, promotora del grupo Explosión Norteña, ubicada en la calle Humatomi número 5679, en el fraccionamiento Los Pinos, en la zona de Otay, al norte de Tijuana.

El sujeto tocó a la puerta y entró a las oficinas con cautela, pero decidido a cumplir con su "encargo". Preguntó por *Beto*, José Alberto Cervantes Nieto, de 31 años de edad, compositor y vocalista del grupo, quien en ese momento estaba sentado en un sillón.

Beto levantó la mano para llamar la atención de aquel sujeto y, cuando apenas se incorporaba, el hombre extraño sacó un arma de entre sus ropas y le disparó varias veces, hiriéndolo en el tórax, un brazo y una pierna.

Dos hombres más que se encontraban junto a *Beto*, asistentes y auxiliares de Explosión Norteña, también recibieron disparos. Ellos eran José Guillermo Zavala Rodríguez, de 45 años, quien sufrió impactos de bala en el tórax y la cara, y Joel Lara Contreras, de 23, en el muslo derecho.

Tras cometer la agresión, el pistolero emprendió la fuga con rumbo desconocido.

Minutos después, a bordo de una ambulancia de la Cruz Roja, José Alberto Cervantes Nieto fue trasladado en estado grave al Hospital del Prado, mientras que sus compañeros a la Clínica 20 y al Hospital General de Tijuana, donde fueron reportados como estables. A los tres les fue asignada una guardia de seguridad durante su hospitalización.

Luego de la agresión, elementos de la policía municipal acordonaron el domicilio de la empresa promotora de espectáculos, donde peritos de la Procuraduría General de Justicia del Estado (PGJE) localizaron cuatro casquillos de un arma calibre .45, tres ojivas, así como una camisa blanca con manchas de sangre que presumiblemente utilizó uno de los lesionados para detener una hemorragia.

A las afueras de las oficinas se ubicaron tres automóviles de modelo reciente, uno de ellos un BMW, con matrícula de Mexicali, perteneciente a José Alberto Cervantes Nieto.

El lunes 14, una semana después del atentado, aún convaleciente en el Hospital del Prado, José Alberto Cervantes Nieto escuchó por televisión la noticia que daba cuenta de la detención por parte de la DEA (Drugs Enforcement Agency) de Francisco Javier Arellano Félix, *el Tigrillo*, uno de los máximos líderes del cártel de Tijuana y catalogado entre los narcotraficantes más peligrosos y despiadados, encargado de la distribución de enervantes a escala internacional.

Su aprehensión se llevó a cabo a bordo del *Doc Holliday*, una embarcación que navegaba en aguas internacionales, a 25 kilómetros de La Paz, Baja California.

El Beto no volvería a interpretar *El Tigrillo*, corrido que había compuesto en su honor.

Los Elegidos de Tijuana, otro grupo intérprete de narcocorridos, sería quien registraría la aprehensión del *Tigrillo* en otro corrido titulado *La caída*:

Dos peces grandes cayeron
que andaban en alta mar;
andaban muy adentro en agua internacional.
El Tigrillo es Arellano y Arturo es un Villarreal.
La DEA les puso el guante
tras años de investigar,
con la Interpol bien aliados no pudieron escapar
y a los Estados Unidos los llevan a procesar.
El cártel sigue operando,
no se pongan a temblar,
como en otras ocasiones,
todos pónganse a chambear.
La plaza es de nosotros,
no la vamos a soltar.
Mucha sangre va a correr
por todita la nación
de aquellos que se rajaron,
que prometían protección;
mucha gente anda buscando
a los que hicieron traición.
Andan los buitres volando
pa' ver a qué horas bajar,
quieren ocupar el nido,
se lo quieren adueñar;
los estamos esperando
con garras de gavilán.
No cuenten con la victoria
que seguimos aún vigentes,
hay que defender la plaza
nos cueste lo que nos cueste.
No va a ser la primera vez
que enfrentemos a la muerte.

Integrantes del cártel de Tijuana, detenidos

El martes 30 de octubre de 2007, una llamada anónima realizada cerca de las 20:30 horas a la Policía Federal Preventiva (PFP), alertó a los elementos de seguridad de la presencia de un grupo de 16 hombres armados, departiendo en un espacio privado del segundo piso del restaurante Mariscos Godoy, ubicado en el Boulevard Lázaro Cárdenas y Francisco Benítez, en la colonia La Mesa, en Tijuana.

Sigilosamente, la policía federal preparó un operativo para detener al grupo de sicarios, entre quienes presuntamente se encontraba "un pez gordo", Luis Alfonso Velarde Solís (luego intentaría despistar a la policía cambiándose el nombre por el de Raydel López Uriarte), alias *el Muletas* o *el Furcio*, lugarteniente del cártel de los Arellano Félix.

El grupo, en el que también se encontraban Óscar Manuel Rodríguez, *el Pajarito*, e Iván Reyes Ríos, *el Negro* o *el Acapulqueño*, estaba instalado en el salón VIP, y en ese momento cenaban camarones, cerveza fría y algunos filetes de pescado.

Franqueando a Luis Alfonso Velarde Solís, *el Muletas*, estaban el agente de la Policía Municipal de Tijuana, comisionado en la Delegación La Presa, Luis Gilberto Sánchez Guerrero (quien ingresó a la corporación el 12 de julio de 2003), y José Alberto Cervantes Nieto, vocalista y compositor de Explosión Norteña, el mismo que tres meses antes había sido baleado en las oficinas de la agrupación.

Una cámara de circuito cerrado mostraba los movimientos del grupo de sicarios y de otros más que estaban en la planta baja y afuera del restaurante. Todo parecía transcurrir con tranquilidad, se escuchaban risas, los meseros iban de un lado a otro entregando las deliciosas viandas, los cocteles y las escarchadas cervezas frías.

Poco después de las 21:00 horas, decenas de elementos de la PFP rodearon el restaurante, una veintena de patrullas cercó la calle y sigilosamente la policía llegó a la entrada principal de la marisquería.

Pero uno de los miembros del grupo delictivo logró visualizar a través de una cámara de seguridad instalada en el restaurante, el momento en el que los elementos de la PFP arribaban. De inmediato dio la señal de alerta: "¡Los federales! ¡Los federales!"

En un instante, *el Muletas* y todos sus acompañantes se levantaron de la mesa, bajaron corriendo para tratar de escapar, pero se inició una balacera entre capos y elementos de seguridad.

Luis Gilberto Sánchez Guerrero aprovechó la confusión para derribar una pequeña puerta de madera ubicada en el segundo piso del restaurante, por donde intentó escapar junto con varios hombres; sin embargo, el difícil acceso a la calle impidió que se fugaran, por lo que regresaron al restaurante para tratar de confundirse con los clientes del lugar. Finalmente fueron detenidos.

El Muletas, quien portaba un uniforme de la Policía Municipal, y había llegado a la reunión a bordo de una patrulla de la corporación, al ser aprehendido trató de sobornar a los federales; sin embargo, ante la negativa de los elementos de seguridad, aprovechó un descuido —o en complicidad— para correr hasta donde se hallaba una camioneta *pick up* con el motor en marcha y con la puerta abierta, con la que con ayuda de un cómplice logró escapar sin que nadie hiciera algo por detenerlo.

El lunes 8 de febrero de 2010 sería finalmente aprehendido durante otro operativo de la PFP, realizado en La Paz, Baja California.

Una cita del *Semanario Zeta* agrega: "El poder de *el Muletas* al interior de las corporaciones policiacas va más allá de ponerle una patrulla y uniforme a su disposición y para su traslado. El brazo corruptor de esta célula del CAF ha alcanzado a las corporaciones federales y estatales. Siempre le llega el aviso que lo van a detener, y escapa".

En la inspección realizada por federales en el interior de la Marisquería Godoy, fueron localizadas varias armas ocultas detrás de la barra de servicio. Ahí se confiscaron un rifle de asalto AR-15, una pistola escuadra calibre 5.7, otra .9 milímetros y una .38 Súper. Varias de estas armas tenían cargadores útiles, algunos con proyectiles con cabeza de teflón, especialmente diseñados para perforar chalecos antibalas.

De acuerdo con un testigo, el arsenal había sido depositado ahí por miembros del cártel de Tijuana cuando notaron la presencia de la policía.

También se aseguraron cinco vehículos, una camioneta patrulla modelo Ford F150 modelo 2007, con logotipos de la Secretaría de Seguridad Pública de Tijuana, que *el Muletas* utilizaba para transportarse impunemente por la ciudad. Presentaban un impacto de bala un Wolkswagen Beetle con placas de California, una camioneta BMW con placas nacionales, propiedad de Alberto Cervantes Nieto; un Wolkswagen Passat, con placas nacionales y una camioneta Ranger.

Fueron 12 detenidos, entre ellos empleados, clientes y acompañantes de Luis Alfonso Velarde Solís, *el Muletas*, los que trasladaron a las instalaciones de la Delegación de la Procuraduría General de la República en Tijuana, donde horas más tarde sólo cinco quedaron a disposición de un juez, ya que el resto comprobó que nada tenía que ver con el grupo delictivo. De inmediato fueron puestos en libertad.

Auto de formal prisión

"Elementos de la policía federal detuvieron a varios sujetos, uno de ellos presuntamente relacionado con *el Teo*, lugarteniente del cártel de los hermanos Arellano Félix, y aseguraron armamento, equipos de comunicación y vehículos", anunció la dependencia en un comunicado.

Plenamente identificados como integrantes del cártel de Tijuana, quedaron cinco detenidos por la PFP durante la redada al restaurante Mariscos Godoy: el vocalista y compositor del grupo Expresión Norteña, José Alberto Cervantes Nieto, alias *el Beto*; Iván Reyes Ríos, *el Acapulco* o *el Negro*, de 30 años de edad, señalado como ex agente federal (había estado 30 años en la corporación), y quien se había dado de baja para posteriormente integrarse a la célula delictiva encabezada por Teodoro Simental García, *el Teo* o *el Tres Letras*; Óscar Manuel Rodríguez Galván, *el Gordo*, de 28 años de edad; Luis Alberto López Uriarte, alias *Luis Manuel Soto Gómez* o *el Pájaro*, de 30 años, identificado como hermano del *Muletas*, y Sergio Gaspar Parra César, alias *el Punchis*, de 28 años de edad.

Todos ellos fueron trasladados por personal de la Subprocuraduría de Investigación Especializada en Delincuencia Organizada (SIEDO) a la Ciudad de México, donde fueron sometidos a arraigo domiciliario.

El Juez Decimosexto de Distrito, con sede en Tijuana, decretó el auto de formal prisión para los cinco detenidos, quienes enfrentarían procesos por presuntos cargos de delincuencia organizada (por sus vínculos con la organización de los Arellano Félix), privación ilegal de la libertad en la modalidad de secuestro, homicidio calificado y narcotráfico.

Además, José Alberto Cervantes Nieto, *el Beto*, fue señalado también como el presunto autor de la desaparición de Fernando Ocegueda Ruelas, hijo del activista social Fernando Ocegueda Flores, secretario de la Asociación Ciudadanos Unidos contra la Impunidad. El secuestro ocurrió cuando Fernando Ocegueda Ruelas circulaba en su vehículo por el fraccionamiento Infonavit Presidente, en Guadalajara, Jalisco, el sábado 10 de febrero de 2007.

De acuerdo con la investigación personal que realizó Fernando Ocegueda Flores, varias pruebas señalaron a José Alberto Cervantes Nieto, *el Beto*, como el responsable, por lo que levantó una denuncia por secuestro ante la PGR.

Otra desgracia para Explosión Norteña

A pesar del escándalo que generó en el ámbito musical grupero la aprehensión de José Alberto Cervantes Nieto, *el Beto*, vocalista de Explosión Norteña, el grupo continuó con sus compromisos artísticos. Realizó presentaciones en diversos estados de la República mexicana y continuó interpretando los temas y narcocorridos que les habían dado celebridad.

Su disco *14 detonantes corridos*, en el que se incluyen los corridos dedicados al *X-13*, al *P-14*, al *Pareja* y hasta al *Santo Chino*, ocupaba en el momento de la aprehensión de José Alberto Cervantes Nieto el número 14 en las lista de mayores ventas de las tiendas de discos.

Pero el viernes 8 de julio de 2011, la desgracia volvió a ensombrecer al grupo, esta vez con la inesperada muerte del músico Juan de Jesús Moreno Torres, famoso por utilizar un bajo en forma de ametralladora.

Su deceso ocurrió en un accidente automovilístico al circular a la altura del kilómetro 77+200 de la carretera Escénica, y se dirigía, junto con el músico José María Novoa, a Ensenada, Baja California, donde ese día tendría una presentación con Explosión Norteña.

La PGJE aseguró en un principio que Juan de Jesús Moreno Torres se había quedado dormido al volante, provocando la volcadura del vehículo sobre la carretera; más tarde, peritos de la dependencia aseguraron que la camioneta Grand Cherokee era conducida a exceso de velocidad, lo que ocasionó el fatal accidente.

Lo único cierto es que la muerte de Juan de Jesús Moreno Torres dejó un profundo hueco en el alma de Explosión Norteña, que desde entonces ha sido difícil de llenar.

Que los cargamentos llegaban al rancho de Juliantla

No soy narcotraficante, me resulta irrisorio y doloroso esto que está sucediendo. Traigo hombres armados con martillo y cincel picando piedra, labrando un suelo, buscando un México próspero, honrado trabajador. Eso es lo que hacemos aquí en este rancho.
JOAN SEBASTIAN, cantante, conferencia de prensa, Rancho Santa Cruz, 17 de junio de 2010.

Tras la detención del ex agente de la policía estatal Marco Enrique Yépez Uribe, *el Jarocho* o *el Comandante Alex*, señalado como presunto integrante del cártel de Juárez, la Procuraduría de Justicia del estado de Morelos dio a conocer que el nombre del cantante y compositor de música regional y de banda Joan Sebastian había salido a relucir.

El Jarocho reveló que un grupo de servidores públicos, encabezados por José Agustín Montiel López, alias *el Sinclair*, coordinador general de la Policía Ministerial del Estado de Morelos, se dedicaban a brindar apoyo y protección a los narcotraficantes José Esparragoza Moreno, *el Azul*, y Vicente Carrillo Leyva, por lo que a cambio recibían fuertes cantidades de dinero.

De acuerdo con el boletín 346/04 de la PGR, emitido el miércoles 7 de abril de 2004, durante algún tiempo, avionetas cargadas de droga procedente de Colombia arribaban al aeropuerto de Cuernavaca, donde era descargada y transportada en tráileres y vehículos de la policía ministerial hasta diferentes domicilios en los estados de Morelos y la Ciudad de México.

Uno de estos domicilios, de acuerdo con la declaración de Marco Enrique Yépez Uribe, *el Jarocho* o *el Comandante Alex*, principal testigo de la PGR, era un rancho situado en Juliantla, Guerrero, propiedad del cantante José Manuel Figueroa, conocido artísticamente como Joan Sebastian.

Joan se deslinda de las acusaciones

Luego de los señalamientos, Joan Sebastian, compositor e intérprete de temas regionales como *Secreto de amor*, *Llorar*, *Juliantla*, *Amorcito mío*, *Tatuajes*, *25 rosas*, *Hasta que amanezca*, *Bandido de amores* y *El primer tonto*, entre otras muchas, una figura de presencia musical internacional, no tardaría en aparecer ante los medios de comunicación para defender su honestidad y honorabilidad, asegurando que jamás había tenido relación alguna con capos del narcotráfico, y que los comentarios y las declaraciones hechos por "ese loco" —el *Jarocho*— no le quitaban el sueño.

Agregó que, como artista y persona, no tendría perdón de Dios si estuviera inmiscuido en actividades ilícitas.

"Soy amigo de Sergio Estrada [entonces gobernador de Morelos] desde antes que fuera político y seguramente, a sabiendas de eso, se colgaron de un personaje famoso y querido como soy yo, a fin de hacer más notorio el desprestigio hacia el político. Eso es lo que yo pienso", dijo el cantante en su primera declaración.

"Confío en que las autoridades hagan su trabajo e investiguen realmente a fondo estas declaraciones que me han hecho ser una víctima, ya que son sólo mentira", agregó el también compositor.

La atención de los medios de comunicación se centró de inmediato en la figura de Joan Sebastian, quien tuvo que cancelar la presentación que tenía prevista para el 1º de mayo de 2004 en el Auditorio Nacional de la Ciudad de México, debido a la baja taquilla que produjo su afectada imagen pública.

Nueve meses después, de acuerdo con la nota informativa del periodista Santos Mondragón presentada en los noticieros de Televisa, el principal testigo protegido de la PGR se retractó de las acusaciones que vinculaban a autoridades estatales y funcionarios públicos del estado de Morelos con integrantes del cártel de Juárez.

En la nota presentada el miércoles 21 de abril de 2004 en el noticiero de Joaquín López Dóriga, dos semanas después de la detención de José Agustín Montiel y su colaborador, Raúl Cortés Galindo, Marco Enrique Yépez Uribe, alias *el Jarocho*, señaló que su declaración realizada en enero de 2004 había sido hecha a cambio de 50 mil pesos, pero lo asentado en ella era completamente falso: "Quiero que quede claro que desconozco su contenido [de la declaración], siendo este contenido totalmente falso en cada una de sus líneas, pero reconociendo que tuve que firmar esa confesión por la tortura psicológica a que fui expuesto, por temor a que fueran a cumplir sus amenazas de matar a mis padres, a mi novia y a un servidor".

En su retractación, Yépez Uribe nunca mencionó al cantante Joan Sebastian. A pesar de ello, la PGR continuó investigando al artista, pero se mantuvo al margen de cualquier acción penal en su contra.

En una entrevista publicada el martes 27 de abril de 2004 en la web *Rumor Musical.com*, Joan Sebastian se mostraba tranquilo:

> Estoy sin ningún cargo, libre, gozando del cariño y del amor de la gente, más allá de las malas intenciones de un criminal que está en la cárcel; tengo la frente muy en alto, y eso se lo puedo decir a mi público y mi familia. He trabajado limpiamente para obtener lo que ahora tengo; además, me considero un afortunado.
>
> Confió en la justicia del país y estoy seguro que pronto saldré bien librado de todo este asunto. No me escondo y doy la cara a los medios para aclarar estas acusaciones tan injustas de que me han hecho víctima; no tengo nada que ver con el narcotráfico, como lo afirmó el mismo denunciante, que a final de cuentas se retractó de sus declaraciones, pero por lo menos ya me hizo mucho daño.

Sin embargo, dos años después, Joan Sebastian volvería a ser cuestionado sobre su aparente relación con el crimen organizado tras el asesinato en McAllen, Texas, de su hijo Trigo de Jesús Figueroa, que sería atribuido a un supuesto ajuste de cuentas del narcotráfico.

Lo mató por no dejarlo hablar con Joan Sebastian

Trigo de Jesús Figueroa González apenas tenía 27 años de edad. Era el hijo menor del primer matrimonio de Joan Sebastian con la señora Teresa González, originaria de Agualeguas, Nuevo León, y desde hacía varios años era el asistente personal del cantante: lo acompañaba a todos lados, le cargaba la ropa, le ayudaba a cambiarse y a preparar cada uno de sus espectáculos. Siempre estaba al pendiente de que a su padre todo le saliera bien durante sus presentaciones.

"Muchos ven en mi papá al *Rey del Jaripeo* o al *Poeta del Pueblo*, como lo llaman. Para mí, mi papá es mi héroe", dijo Trigo de Jesús Figueroa en 2002, cuando platicó con el presentador Mario Krauzberger, *Don Francisco*, en el programa de la cadena Univisión, *Don Francisco Presenta...*

Desde pequeño, Trigo y Joan compartieron el amor por la música, por los jaripeos y por los caballos.

El sábado 26 de agosto de 2006, volvió a asistir a su padre en otra más de sus exitosas presentaciones. Esta vez no fue en México, sino en McAllen, Texas, donde el llamado *Rey del Jaripeo* estuvo en el Lienzo Charro Plaza del Valle, luciendo sus mejores caballos, tan diestros y de buena bonanza que lograron con su obediencia, garbo y estirpe, la admiración y el respeto del público.

El espectáculo fue de suertes equinas, de canciones y corridos, de emociones y suspiros, de talento y simpatía. Pero la tragedia también estaría presente.

Al terminar su concierto, Joan Sebastian se dirigió a su camerino ubicado a unos metros del lugar de su actuación. Durante el trayecto, tres hombres en aparente estado de ebriedad trataron de acercarse al cantante para hablar con él, quizá para felicitarlo o tal vez para pedirle un autógrafo.

Lo cierto es que no pudieron llegar hasta Joan, pues en ese instante Trigo de Jesús les cerró el paso. Mientras esto sucedía, el cantante siguió su rumbo hasta internarse en su camerino. Atrás, Trigo de Jesús comenzó a discutir con los sujetos, quienes insistían en hablar con Joan.

Pero los ánimos se encendieron y uno de los hombres, el más violento, sacó de entre sus ropas una pistola calibre .45 con la que amenazó a Trigo de Jesús, haciendo un disparo hacia el piso y luego le apuntó directamente al cuerpo.

En un acto por demás de supervivencia, Trigo de Jesús corrió entre la gente que se encontraba en la zona VIP del rodeo, pero no logró evadir a su agresor. Apenas unos metros adelante, cuando intentaba saltar una valla de alambre, fue alcanzado, y con toda la sangre fría de un asesino, el sujeto le disparó detrás de la cabeza.

Ya en el piso, Trigo de Jesús fue rematado con un segundo disparo que lo dejó en agonía, mientras la gente corría despavorida del lugar.

Joan Sebastian, quien permanecía en el camerino, fue avisado por uno de sus asistentes de la agresión contra su hijo. De inmediato pasó de la excitación a la preocupación, y aterrorizado fue en busca de su vástago.

Trigo de Jesús permanecía tirado en el piso, moribundo, cuando su padre llegó hasta él. Ahí lo tomó entre sus brazos, intentaba reanimarlo y pidió a gritos una ambulancia. Los minutos pasaron, la gente comenzó a rodear a Joan y a su hijo, a quien se le iba extinguiendo su vida.

No hubo nadie que ayudara, ninguna ambulancia, ninguna patrulla, y entonces Joan Sebastian decidió subir a su moribundo hijo a una camioneta particular y trasladarlo al McAllen Medical Center, donde minutos después su vida finalmente se apagó cuando ingresaba al quirófano.

Al día siguiente, los restos de Trigo de Jesús Figueroa fueron trasladados hasta el aeropuerto de Xochitepec, Morelos, y de ahí, en medio de una caravana de automóviles, gente del pueblo y familiares, hasta el rancho de Joan Sebastian en Juliantla.

En todo momento, Joan Sebastian se mantuvo alejado de la prensa, no quiso mostrar su dolor ni su indignación. Realizó el funeral de su hijo de forma privada. Sólo los amigos más allegados tuvieron acceso al velorio y, en una larga caravana de automóviles y dolientes, el hijo del compositor fue sepultado en el Panteón Municipal.

Ese mismo día comenzarían las dudas en torno al homicidio. La opinión pública cuestionó la muerte de Trigo de Jesús Figueroa como una probable venganza del crimen organizado, tomando como antecedente los hechos ocurridos en 2004, cuando a Joan Sebastian se le imputaba mantener presuntas actividades ilícitas ligadas al narcotráfico.

Federico Figueroa, hermano del artista, salió en defensa del intérprete y aclaró que la muerte de su sobrino no se debía a un ajuste de cuentas, que todo había sido resultado de una riña, y aclaró que la familia Figueroa en ningún momento había ofrecido una recompensa por la captura del asesino de Trigo de Jesús, como varios periódicos lo publicaron. Lo que pidió es que apoyaran a las autoridades para localizar al homicida.

El Richi, presunto asesino

El jueves 31 de agosto de 2006, Ricardo Sánchez, alias *el Richi*, de 21 años, fue señalado por el *sheriff* del Condado de Hidalgo, Guadalupe Treviño, como el presunto homicida del hijo de Joan Sebastian.

Su identidad se logró al recabarse datos de testigos presenciales del homicidio, quienes señalaron al agresor de Trigo de Jesús Figueroa como un sujeto que había llegado al lienzo charro junto con otros dos hombres a bordo de un automóvil Mercedes Benz color blanco, cuatro puertas, con placas de circulación estadounidenses.

Guadalupe Treviño indicó que en la investigación se reveló que en la zona VIP había estado un ciudadano radicado en Mission, Texas, cuyas características coincidían con las de Ricardo Sánchez, *el Richi*, quien había comprado recientemente en los Estados Unidos un automóvil con las mismas características que el observado en el rodeo.

No obstante la colaboración de diversas corporaciones de la policía de Texas y de otras comunidades en los Estados Unidos y México, Ricardo *Richie* Sánchez continúa prófugo de la justicia.

¿Otra víctima de la violencia... o del narco?

La muerte de Trigo de Jesús Figueroa González produjo en Joan Sebastian sentimientos encontrados, que lo afectaron emocionalmente durante meses, aunque en ningún momento disminuyó su actividad profesional: siguió cantando y haciendo presentaciones personales en palenques, ferias y auditorios, donde aún con el dolor por la muerte de su hijo, nunca dejó de sonreír y complacer al público.

Internamente, Joan Sebastian estaba destrozado; trataba de sobreponerse a la devastadora pérdida de Trigo de Jesús, cuando el episodio trágico se repitió.

La madrugada del lunes 12 de junio de 2010, Juan Sebastián Figueroa, otro hijo de Joan Sebastian procreado con la señora Teresa González, acudió junto con un grupo de amigos al bar The Gran Hotel Cuernavaca, ubicado en el número 521 de la avenida Plan de Ayala, en la capital morelense (situado a un costado del bar Classico y cuyo negocio había sido incendiado el viernes 14 de mayo de ese mismo año por presuntos sicarios del narcotráfico).

Al llegar a la escalinata, al grupo le fue negado el acceso a la discoteca, por lo que comenzaron a discutir con elementos de seguridad del bar. Luego pasaron a los golpes y esto hizo que uno de los empleados, conocidos como *cadeneros*, sacara una pistola calibre .9 milímetros con la que los amenazó.

De acuerdo con un comunicado emitido por la PGJE de Morelos, Juan Sebastián Figueroa fue el único que enfrentó al sujeto armado con palabras altisonantes, pero en respuesta recibió un disparo en la cabeza y otro en el vientre.

"La discusión se violenta más, y el sujeto de negro dispara a Juan Sebastián Figueroa González, causándole dos heridas mortales por necesidad", dice el comunicado, que agrega: "La causa de la muerte fue una hemorragia aguda interna y externa por laceración pulmonar producida por proyectil de arma de fuego penetrante en el cuello y el abdomen".

El sujeto que había disparado logró escapar, auxiliado presuntamente por sus compañeros de seguridad. Fueron los amigos de Juan Sebastián Figueroa quienes, al verlo gravemente herido, lo colocaron en el automóvil en que habían llegado, para trasladarlo hasta un hospital. En el trayecto su vida expiró.

Los restos de Juan Sebastián Figueroa González, de 32 años, fueron trasladados en un avión privado a Los Ángeles, California, donde fue sepultado.

El bar The Gran Hotel Cuernavaca

Ésta no era la primera vez que el bar The Grand Hotel Cuernavaca se veía metido en líos.

El sábado 27 de febrero de 2010, un joven de 21 años, llamado Juan Uriel Núñez, fue lesionado de un disparo en la pierna luego de protagonizar una riña en el interior de la discoteca.

Casi una semana después, el sábado 6 de marzo, la dirección de Ecología de Cuernavaca clausuró el local por una denuncia ciudadana, debido al excesivo ruido que generaba. En la misma investigación se descubriría que el antro no contaba con sus papeles de funcionamiento en regla y permitía el acceso a menores de edad.

Después del asesinato de Juan Sebastián Figueroa, el bar The Gran Hotel Cuernavaca fue nuevamente clausurado para llevar a cabo las investigaciones periciales. Sin embargo, el apoderado legal de la empresa, Enrique Paredes Sotelo, envió un comunicado de prensa en el que desligó a los empleados del bar del homicidio del hijo de Joan Sebastian, y exhortó a las autoridades a esclarecer el crimen.

En el comunicado, Paredes Sotelo también aseguró que el día del crimen un sujeto desconocido ya se encontraba sobre la escalinata situada afuera del local, y que ahí aparentemente esperó a que el hijo del cantante Joan Sebastian saliera del bar, contradiciendo la versión de la procuraduría en razón de que Juan Sebastián apenas había llegado al bar.

El CPS se adjudica el asesinato

El martes 15 de junio de 2010, horas después de que Juan Sebastián Figueroa fuera sepultado en un cementerio de los Estados Unidos, un grupo de ocho sicarios integrantes del cártel del Pacífico Sur (CPS) —ligados a Héctor Beltrán Leyva, alias *el H*—, quienes portaban armas de alto poder, tomó por sorpresa la casa de Guillermo Vargas Rodríguez, ex coordinador de la Policía Ministerial, ex comandante de la Policía Federal y comisario regional de la PFP, de la Delegación Tlalpan del Distrito Federal, a quien amagaron y ataron de pies y manos junto con su hijo, Guillermo Vargas Rivera, en la planta baja de su residencia, ubicada en el número 36 de la privada Primavera, en la colonia Quintas Martha, en Cuernavaca.

Guillermo Vargas Rodríguez tenía presuntos nexos con el crimen organizado, pues junto con su hijo fue asesinado con el típico tiro de gracia en la cabeza, un procedimiento para ajustar cuentas y traiciones. Aparentemente, apoyaba a la organización delictiva de Edgar Valdés Villarreal, *la Barbie*.

La misma noche del crimen de Guillermo Vargas Rodríguez y su hijo Guillermo Vargas Rivera, aparecerían pancartas colgadas en diversos puntos de Cuernavaca: una en el puente del libramiento de la carretera México-Acapulco, a la altura de la avenida Vicente Guerrero —donde aparecieron colgados en febrero de 2010 los cuerpos de dos hombres ajusticiados—, otra en el puente a desnivel de la colonia Diana, y una más en el jardín de niños Popocatépetl, en la avenida Castillo de Chapultepec, en Cuernavaca.

En los mensajes, el CPS se adjudicaba los asesinatos, no sólo de Guillermo Vargas y su hijo, sino también el de Juan Sebastián Figueroa, asegurando que el homicidio de éste se debía a disputas por una mujer:

> A la ciudadanía en general de Morelos. Aquí esta Guillermo Vargas padre e hijo, colaboradores del homosexual Edgar Valdez Villarreal "la Barbie", trasiego de la muerte de Juan Sebastián Figueroa por la disputa de una mujer por problemas pasados, esta gente colaboraba con el traidor, si las autoridades no pueden nosotros sí, no descansaremos hasta acabar con la lacras de Morelos, atentamente CPS [cártel del Pacífico Sur].

En un segundo cartel, aparecía otro mensaje: "Nosotros le dimos muerte al hijo de Joan Sebastian. Esto les va a pasar a todos los que apoyan al homosexual de *la Barbie*".

La PGJE de Morelos reforzaría la hipótesis del ajusticiamiento del crimen organizado, señalando que varias de las mujeres que acompañaban a Juan Sebastián Figueroa, la noche de su asesinato, apenas las había conocido horas antes en otro bar, y que una de ellas era aparentemente la pareja sentimental de un narcotraficante con quien Figueroa había tenido una riña previa a su llegada al bar The Grand Hotel Cuernavaca.

De las investigaciones en torno al homicidio surgiría la teoría de que el sujeto ejecutor de Juan Sebastián había llegado minutos después al bar para esperar a que el hijo de Joan Sebastian saliera del establecimiento y ahí mismo ejecutarlo.

El subprocurador de Justicia del Estado, Mario Vázquez Rojas, agregó que uno de los testigos vio que el hombre que disparó contra Juan Sebastián Figueroa no pertenecía al grupo de seguridad del establecimiento: "Todas las líneas de investigación están abiertas, no descartamos que pudiera ser una ejecución del crimen organizado", dijo el funcionario. "Estos señalamientos no tienen fundamento", señaló Joan Sebastian.

Dos nuevas narcomantas aparecerían en puentes peatonales en las inmediaciones de las colonias Miraval y Chipitlán, en Cuernavaca, donde presuntamente el propio CPS se deslindaba de los asesinatos y acusaba al propio Guillermo Vargas Rodríguez de ser el homicida de Juan Sebastián:

> Los colaboradores estos son Israel Pérez Flores y Calet Pérez Flores, colaboradores de Edgar Valdez Villarreal (*Barby*) no se dejen engañar por las autoridades militares federales, estado y municipales diciendo que CPS es responsable de la muerte de Juan Sebastián Figueroa González como se los quieren hacer creer. El verdadero asesino es Guillermo *Bargas* [sic] Rivera. Si las autoridades no pueden nosotros sí. Nosotros no matamos inocentes. Att. CPS.

A partir de esos narcomensajes, los medios de comunicación volvieron a cuestionar y especular que las causas del crimen de Juan Sebastián Figueroa pudieron ser un ajuste de cuentas del crimen organizado.

Ante todo esto, Joan Sebastian sí reconoció que horas antes del crimen, cerca de las 11 de la noche, había estado con su hijo en el bar Ocean Drive, donde celebraban la fiesta de cumpleaños del ex gobernador de Morelos, Lauro Ortega, pero se había retirado de la reunión dos horas después.

"Lo último que le dije a mi hijo fue, cuídate viejo, te amo; seguramente fue una hora antes de que lo mataran. No tengo vocación de santo, no pretendo la santidad, pero después de lo sucedido, después de lo vivido, puedo concluir que la purificación del alma es un proceso largo y doloroso, y acepto con resignación lo que la vida me mande."

También aceptaría que horas antes su hijo había sostenido una discusión con otras personas en un restaurante de la avenida San Diego.

Traigo hombres armados con martillo y cincel picando piedra

El jueves 17 de junio de 2010, el llamado *Rey del Jaripeo* o *el Poeta del Pueblo*, convocó en un breve comunicado a una rueda de prensa en su rancho Cruz de la Sierra, ubicado en el poblado de Teacalco, municipio de Taxco de Alarcón, para acallar de una vez todos los rumores sobre el asesinato de su hijo, Juan Sebastián Figueroa:

> Por medio de la presente, y por respeto y en honor de mis hijos: Trigo de Jesús y Juan Sebastián, acaecidos víctimas de la violencia sin control que vivimos en el mundo, les pido que reserven los comentarios sin fundamento que hieren a mi familia, ya de por sí lastimada [y] que acepten una invitación a la conferencia de prensa que se llevará a cabo este jueves 17 de junio.

Decenas de periodistas nacionales e internacionales llegaron puntuales a la cita en el rancho Cruz de la Sierra. Joan Sebastian apareció sereno, confiado, tranquilo. Portaba lentes oscuros, quizá para ocultar el dolor que la reciente muerte de su hijo le seguía causando. Esa mañana habló con el corazón:

> Estoy aquí para dar la cara, y si estoy con lentes es porque ya tienen demasiadas fotos de mi sufrimiento, pero si gustan me los saco porque no estoy ocultando mis ojos. Se ha dicho mucho, pero yo me quedo con la versión que me dieron los amigos que estaban con mis hijos, las personas que estaban presentes.
> Mi hijo estaba vestido con una playera y un *jean* y no lo dejan entrar los cadeneros, él se pone a discutir porque sí tenía unas copas de más, hay un forcejeo, los amigos se lo llevan a mi hijo, pero él regresa y al subir dos escalones una de esta gente saca un arma y le dispara. Yo me quedo con esa versión, que a mi hijo lo mataron en una discusión, eso es lo que yo compro porque me lo dijeron la gente que iba con mi hijo, la gente común y corriente, los clientes que estaban presenciando los hechos, eso es lo que yo creo.

Joan Sebastian recordó cuando estuvo por última vez con su hijo, horas antes de su asesinato:

Esa noche mi hijo me llamó a las 11 de la noche, yo estaba disponiéndome a dormir, recibo una llamada de mi hijo y me invitó a que fuera con esos amigos que estaban celebrando el cumple de un amigo. Ante esa invitación, y con el deseo de convivir con mi hijo, me paré y me dirigí al lugar que se llama Ocean Drive, estuve unas dos horas, ahí nos brindaron tacos, yo comí uno, mi hijo ninguno.

Al cuestionarle sobre las narcomantas en las que el CPS se adjudicaba la muerte de Juan Sebastián, respondió:

No he visto las [narco] mantas, me gustaría, y les hago la invitación a las autoridades de Morelos... tanto el gobernador como el procurador que me ofrecieron vía telefónica su colaboración... les pido lo mismo que cuando me llamaron después de la muerte de mi hijo: "Ayúdenme buscando inmediatamente al agresor, deteniendo a los responsables". Les dije: "Ayúdenme no tergiversando ninguno de los hechos", porque no dejaron las mantas (si existieron); no sé nada de eso.

Cuando mataron a mi hijo, me llamaron prestas las autoridades. El procurador me dijo que me mandaba seguridad, y le dije que no necesitaba porque no tengo enemigos. Le pedí que me ayudaran buscando al agresor, deteniendo a los responsables, no tergiversando ninguno de los hechos. No entiendo por qué se llevan las mantas y se tergiversan, se mienta y se inventa... No sé qué enredo se traen los cárteles, yo no soy narcotraficante, me resulta irrisorio, aparte de doloroso todo esto que está sucediendo.

Durante la conferencia de prensa, el cantautor hizo hincapié en las veces que lo han ligado al narcotráfico.

Llegué en "huaraches" a Cuernavaca, de ahí se desprende mi lucha y mis sueños, empecé mi carrera a los 17 y 18 años. He tenido la fortuna de cosechar éxitos y ojalá no suene a prepotencia, pero tal vez les tengo que subrayar que soy un artista con 30 años de éxito, que soy el cantautor más premiado por la academia de los Grammys, y no, no chantajeé a nadie. Que mi música tiene más de 12 mil versiones, que en Estados Unidos he pagado millones de dólares de impuestos por muchos millones de dólares que he ganado y que he traído a mi país, que he invertido en mi país porque creí siempre en mi país, porque sigo creyendo en mi país, entonces que no les sorprenda que tengo muchos ranchos y que sigo invirtiendo en México.

Bien, ahí no para todo esto, ante mi lucha y ante mis logros lo que más he cosechado es amor, es cariño, es respeto de mi pueblo, de esa gente que no tiene insanos intereses, de ellos he cosechado amor, respeto, mucho cariño. Ante mi éxito y el triunfo y el cariño que me tiene la gente hace años cuando surgió la primera calumnia, un grupo de amigos conscientes, conocedores de mi amor por mi estado y por mi patria, me propusieron que buscara yo la gubernatura de mi estado, Guerrero.

De primera intención me sonó irrisorio, después preocupante y finalmente al grupo de amigos les dije "okey", hay que hacer una encuesta, un estudio y ver qué tan fácil, factible es la posibilidad de que yo pudiera aspirar a la gubernatura de mi estado. A uno de mis amigos se le ocurrió invitar a más gente, a más amigos para sumarse al proyecto del grupo. En ese tramo invita a un militante de otro partido, y de esa manera se hace público el interés de ese grupo porque yo fuera por la candidatura, por los menos del estado de Guerrero.

Ni tardo ni perezoso, yo creo que no pasó ni un mes sin que surgiera la primera patada a las espinillas: un delincuente apodado *el Jarocho* declaraba la primera vez, porque declaró dos veces; declaraba la primera vez que Joan Sebastian, priista por cierto, y Sergio Estrada Cajigal, gobernador del estado de Morelos, panista por cierto, bajaban aviones llenos de droga en el aeropuerto de Cuernavaca y la llevaba la droga, o la llevábamos mejor dicho, a almacenar a Juliantla.

Para los que no lo conocen... en tráileres, por cierto. Para los que no conocen Juliantla, no hay forma de meter un tráiler, los caminos son angostos y en su momento eran mi orgullo porque lo gestionamos, lo hicimos con mucho sacrificio, eran siete kilómetros y medio de empedrado para llegar a mi tierra, son todavía, aunque ya no son tan hermosos. En fin, en su declaratoria afirmaba que en Juliantla almacenábamos en mis bodegas droga. Mis instalaciones, que con sacrificio y a través de muchos años hicimos en Juliantla, son muy parecidas a esto que ven a un lado, abiertas, no tenemos nada que meter a puerta cerrada. En fin, se hizo la noticia, se vino el amarillismo, vendieron muchas revistas, tuvieron mu-

cho *rating* hablando de la posibilidad de que yo fuera narcotraficante, ante lo cual y por honor enfrenté la acusación, me presenté
ante las autoridades correspondientes e hice mi declaración por
voluntad propia. Lo demás quedó en manos de las autoridades.

Después surgió la segunda noticia que ya los medios amari-
llistas no cubrieron y que sólo Joaquín López Dóriga en su programa atendió para hacer saber que *el Jarocho* había rendido una
nueva declaración donde hacía constar que a él le habían pagado
por lo que dijo, lo que declaró en la primera declaración, y en esa
declaración involucraba a distinguidos personajes de partidos
políticos; así es de que la primer zancadilla que me pusieron fue
un ataque político, tan sorprendente como se oiga.

Yo seguí mi vida, seguí mi lucha, seguí trabajando como trabajamos los hombres de bien, y precisamente en una de mis presentaciones en Estados Unidos, en Mission, Texas, murió mi hijo
Trigo, a quien menciono con respeto, con honor, con orgullo, porque más que nadie Dios y mis hijos saben que soy un hombre lim-
pio. Surgieron nuevamente las versiones que si el asesinato de mi
hijo era un ajuste de cuentas por las pendejadas que dijeron anteriormente de mí. Esa fue la segunda...

Las autoridades de los Estados Unidos supieron de los hechos,
cómo fueron. Yo no estuve presente en el momento preciso del balazo que mató a mi hijo Trigo, lo tuve en mis brazos 50 minutos,
agonizante, gritando yo "¡auxilio!", pidiendo una ambulancia, pidiendo un policía y ni en Estados Unidos, mejor dicho ni en Mission ni en ningún lado hubo un policía que pudiera venir cuando
realmente es impresionante que, tanto en Estados Unidos como
en muchas partes, se le sale una flatulencia a un mosco y la policía
está inmediatamente ahí. Pero cuando hay cosas turbias, la policía, las ambulancias, los ejércitos no aparecen. Y así fue, pues,
como me quedé con mi frustración de perder mi primer hijo, que
va a cumplir cuatro años de muerto y su asesino anda por ahí.

La tercera vez que me involucran con el narcotráfico es ésta, y
de ahí nos vamos a ver qué sorpresas nos trae la vida y las confu-
siones de las autoridades.

—¿Tiene miedo de que su familia sufra otro atentado? —preguntó un reportero.

—Como dije hace un rato, yo nunca he necesitado guardaespaldas, seguridad y mucho menos. Mi transporte es un *jeep* con-

vertible que mucho traigo descapotado porque me gusta el sol, me gusta el viento, me gusta vivir libre. Alguna vez dije que no le temo a la justicia, le temo a la injusticia. Así es que me apoyo nuevamente en pensar que más allá de la justicia que puede ser tergiversada, existe la justicia divina y no, no tengo miedo.

—¿Cuándo hablaron la última vez y qué palabras se dijeron? —intervino otro periodista.

—Lo último que le dije a mi hijo: "cuídate, viejo; te amo". Seguramente fue alguna hora antes de que lo mataran...

—Los resultados de la autoridad en relación con la investigación... ¿Qué espera un padre de la autoridad en esta ocasión? —intercedió un tercero.

—De alguna forma como que se complementa esta pregunta con la anterior, que fue lo que pedí de las autoridades cuando me ofrecían protección. Hace unos meses en este mismo rancho, se realizó un comercial en apoyo a un programa de Pronósticos Deportivos, un programa del gobierno federal; lo hice con todo el cariño y altruistamente, y al final del trabajo le mandé un mensaje al señor presidente, haciéndole saber de mi respeto y de cómo valoro, junto con mucha gente a mi alrededor, su labor. Seguramente no le llegó el mensaje porque nunca hubo eco al respecto. Ahora mismo aprovecho para mandarle: "Señor, sé que su labor es... aplaudo y agradezco su labor en contra de la delincuencia y a la vez quiero dar testimonio de que efectivamente el Ejército nacional no escatima esfuerzos ni concede ninguna concesión, y eso me consta porque el día que mi hijo estaba tendido, el lunes pasado mientras yo estaba de luto con mi hijo tendido, 150 elementos del gobierno, es decir, del ejército, llegaron a este rancho para escudriñarlo. Estoy tan de acuerdo que lamento no haber estado aquí para que me revisaran hasta por debajo de la lengua. Lo lamento, así es que quiero que sepan que estoy de acuerdo".

Por otra parte, si me preguntan qué quiero hacer por... De la forma que yo combato y puedo combatir el narcotráfico es generando... Traigo hombres armados con martillo y cincel picando piedra, labrando un suelo, buscando un México próspero, honrado, trabajador. Eso es lo que hacemos aquí en este rancho y, si le buscan, como les dije, efectivamente tengo más propiedades porque he ganado, he ganado dinero afortunadamente para invertir en México, para generar empleo.

No sé quién es el asesino de mi hijo, hay versiones de que ya lo mataron, no sé. Por supuesto que me importa; si sigue vivo, me importa que agarren al asesino de Trigo, me importa que agarren al asesino de Juan Sebastián, me importa que agarren a los asesinos de todos los hombres, de todas las personas que mueren injustamente. Claro que me importa.

Soy un hombre de fe. En las dos pérdidas que he tenido de mis hijos, coincidentemente se ha dado que mis hijos y yo, tanto con Trigo como con Juan Sebastián, horas antes de su muerte hablamos de nuestra fe, curiosamente algunas 30 horas; es decir, dos noches antes de la muerte de mi hijo, de Juan Sebastián, en su casa estaba mi hijo José Manuel, mi hijo y yo a altas horas de la noche platicando de nuestros sueños, de nuestros proyectos, de nuestras frustraciones. Surgió el tema de la muerte de Trigo, y nada me consuela más haber escuchado de Sebastián, invitándonos a que fuéramos felices más allá de la muerte de su hermano, a que no albergáramos ningún resentimiento, mucho menos ninguna venganza con respecto a la muerte de su hermano; eso me llena de alegría, de paz, y me ayuda a cargar con lo que tengo que cargar. Gracias.

CASO: VALENTÍN ELIZALDE

Y todo por cantar "A mis enemigos"

Trata uno de repente de cuidarse un poquito, pero por más que lo haga,
pues no quedas exento, no, siempre estás arriba del escenario, estás
propenso a que todo mundo te haga daño, no, así como todo el mundo te
puede dar cariño también te puede hacer daño...
VALENTÍN ELIZALDE, *Hechos Meridiano,* TV Azteca, noviembre de 2006.

Su carrera iba en ascenso. Ya era bien conocido en gran parte del norte de México, pero en el centro del país sus canciones apenas sonaban. Su intención era que no sólo en su país fuera conocido: quería trascender fronteras y convertirse en un ídolo... Y lo consiguió, aunque de la manera más cruel.

La noche del 24 de noviembre de 2006, *el Vale* había quedado satisfecho, su actuación fue memorable; cantó sus mejores canciones, festejó con el público y hasta complació a los asistentes interpretando en dos ocasiones el corrido "A mis enemigos", incluido en su más reciente disco, *Vencedor,* lanzado a la venta el jueves 6 de abril, apenas siete meses atrás. Con ese corrido, Valentín cerró su actuación en la Expo Feria de Reynosa, Tamaulipas.

Nadie imaginaba que ésa sería la última vez que *el Gallo de Oro* estaría sobre un escenario...

"Se sentía muy feliz porque su carrera iba en ascenso, y en cada lugar en el que se presentaba eran las mismas muestras de cariño. *El Vale* era bien querido", recordaría días después su hermano Jesús *el Flaco* Elizalde.

Durante más de dos horas, el público había bailado y coreado sus éxitos, y esas muestras de cariño motivaban a Valentín para convivir más de cerca con sus admiradores. Por esa razón, esa noche decidió quedarse unos minutos más con su gente, con su público, con aquellos que lo escucharon hasta el último momento, repartiendo autógrafos y tomándose la foto del recuerdo; la última imagen que, sin imaginarlo, tendrían del cantante.

Valentín Elizalde era un hombre de una gran sencillez, un artista surgido del pueblo y para el pueblo, amable, atento y de enorme calidad humana.

La última escena de su vida: rodeado por una veintena de admiradoras, dejándose querer por mujeres inquietas y enamoradas, extendiendo los brazos para recibir el abrazo efusivo, acercando el rostro para el beso anhelado, y siempre atendiendo con una sonrisa discreta, quedaría grabada en la memoria de sus seguidores.

Días antes, en Jitonhueca, Sonora, Valentín había estado en casa de su madre, Camila Valencia, con quien departió por última vez:

> Me pidió un caldo de pollo con arroz, calabaza enmielada, empanaditas de atún, una sopa de arroz rojo, y le dije: "Hijo, ¿no quieres camarones?" "¡Amá! ¡Quiero la comida que usted hace!", me dijo.
>
> Me pidió que le cocinara con leña y comió debajo de unos árboles. Todo lo que me pidió, todo se lo conseguí.
>
> Me siento tranquila por ese lado, y ya en la tarde me llevó a las niñas [hijas de Valentín]; ahí anduvo fascinado, montó sus caballos, paseó a las niñas en moto y él anduvo solo en los caballos, se paseó por todo el pueblo.

Después, el cantante le habló del viaje que tenía que realizar a Reynosa para presentarse en el palenque de la feria: "Me dijo: 'mamá, me siento cansado, mañana tengo que volar porque el fin de semana tengo que estar en Reynosa'" (*LaOreja.tv* y *ConTodo.tv*).

Ese día, doña Camila se despidió de su hijo dándole un beso y la bendición. Nunca más volvería a verlo con vida.

La última actuación (25 de noviembre de 2006)

Era ya de madrugada y el espectáculo del *Gallo de Oro* tenía poco más de veinte minutos de haber terminado. Muchos asistentes al concierto aún permanecían en el interior de la expo, pero otros ya abandonaban el lugar a través de la explanada que servía de estacionamiento. Por ese mismo lugar, *el Vale*, como cariñosamente también lo llamaban, abordó la camioneta Suburban color negro (matrícula JEX-76-30, de modelo reciente) junto con su representante artístico y mejor amigo, Socorro Mario Mendoza Grajeda, así como con su primo Fausto Castro Elizalde, *Tano* —clarinetista de la Banda Guasaveña, acompañantes musicales de Valentín—, y el chofer Raymundo Ballesteros Nava.

Todos se dirigirían hacia un hotel en Reynosa para descansar de la larga faena, pues al día siguiente viajarían a San Juan del Río, Querétaro, donde Elizalde tenía otra presentación en el Centro Expositor.

El reloj marcaba las 02:45 horas al salir la camioneta de la expo; el recorrido fue lento, pues la gente se cruzaba peligrosamente por el camino. El vehículo libró los últimos transeúntes y se enfiló por la calle Vista Hermosa. Ahí siguieron la marcha hasta aproximadamente 60 metros más adelante, cuando dos camionetas de color oscuro les cerraron el paso.

Tres hombres de aspecto corpulento, cuyos rostros se ocultaban entre las sombras de la noche, descendieron de las unidades portando armas de grueso calibre; luego se colocaron detrás de la camioneta del cantante y, cual profesionales del crimen, dispararon de manera indiscriminada ráfagas de balas sobre aquella.

Las balas atravesaron cristales y láminas, impactándose contra la humanidad de Valentín Elizalde, Socorro Mario Mendoza Grajeda, Fausto Castro Elizalde y Raymundo Ballesteros Nava.

Destellos incandescentes de fuego estrepitoso que salían de las armas de alto poder y el aterrador sonido de las metrallas descargándose, hicieron inmediato eco entre las decenas de personas que aún permanecían en los alrededores de la expo, y que con terror presenciaron la ejecución de quienes viajaban a bordo de la camioneta, entre ellos *el Gallo de Oro*, el hijo consentido de Jitonhueca, Sonora.

"Vimos cuando la camioneta de Valentín Elizalde salía del palenque y atrás, a gran velocidad, otras dos que le cerraron el paso; luego varios hombres lo cercaron para ejecutarlo. Fue muy impactante porque se vio cómo estallaban las balas en la camioneta", dijo un testigo.

La ejecución había sido perfectamente planeada, los sicarios concretaron el trabajo, abordaron nuevamente sus camionetas y escaparon del lugar, dejando atrás una estela de muerte, dolor y tragedia.

Minutos después, la zona de la masacre estaba totalmente rodeada por decenas de policías municipales y elementos de seguridad de la policía federal, quienes trataban de alejar a los curiosos, que seguían sin dar crédito del crimen del artista grupero.

En el lugar fueron hallados más de 70 casquillos de metralletas AR-15 y AK-47, conocidas como *cuerno de chivo*, así como ojivas de una pistola calibre .38 Súper y de la sofisticada 5.7 × 28, con 40 tiros en su cargador.

Gerardo Treviño, agente del Ministerio Público, quien ordenó el levantamiento de los cuerpos y su traslado —en el interior de la propia camioneta— a las instalaciones de la Policía Ministerial, precisó que el Departamento de Servicios Periciales encontró en el cuerpo de Valentín Elizalde 25 impactos de bala, dispersos en tórax, abdomen, piernas y uno más en la región frontal, el denominado "tiro de gracia": "El tiro de gracia con el que fue rematado el señor Valentín Elizalde fue un simple formalismo o una marca de poder del grupo de sicarios, ya que con las heridas que había recibido en el cuerpo era suficiente para que no pudiera sobrevivir", dijo el funcionario.

De acuerdo con peritos en balística, los proyectiles con los que Valentín Elizalde fue asesinado eran de armas sumamente letales, algunas cuyo calibre era capaz de perforar blindajes de gran espesor.

Socorro Mario Mendoza Grajeda y Reynaldo Ballesteros Nava presentaban 20 y 19 impactos de bala, respectivamente, en diversas partes del cuerpo.

Fausto Castro Elizalde, *Tano*, primo de Valentín, quien se encontraba en el asiento posterior de la camioneta, a un lado del cantante, milagrosamente salvó su vida, arrojándose al piso cuando escuchó los primeros disparos; sin embargo, recibió dos impactos de AK-47: uno en un brazo y otro en la pierna.

El padre de Fausto Elizalde detallaría en entrevista para la televisión que su hijo pudo sobrevivir a tan dramático atentado por gracia de Dios: "Dice que al escuchar los disparos sintió un impacto en una pierna, él se bajó del asiento y se acomodó en el lugar de los pies de la camioneta y ahí pasó todo, se puso una mano en la cabeza y se encomendó a Dios, eso fue todo" (*LaOreja.Tv* y *ConTodo.tv*).

Durante una entrevista con la periodista y presentadora de televisión Cristina Saralegui, en *El show de Cristina* (Univisión, 2007), Fausto Castro Elizalde, *Tano*, recordó el mortal momento del ataque:

Cuando escuché las aterradoras balas, no tuve tiempo de pensar, mi cerebro se puso en blanco y de inmediato me arrojé al piso, me cubrí la cabeza con las manos y no entendía lo que pasaba, sólo escuchaba las detonaciones que pegaban en la camioneta y todo lo destrozaban; luego, en un vago instante, me acordé de Valentín, pero no quise levantar la cabeza, pensaba con esperanza que él estuviera bien, que también hubiera podido esconderse y que esto ya terminara. Entonces se dejaron de escuchar las detonaciones, creo que pensaron que ya estábamos muertos porque estos asesinos se subieron a sus camionetas y se fueron. En ese momento levanté la cabeza y vi a Valentín.

Cuando lo agarré con mi brazo para quererlo sacar, se fue de lado, lo vi lleno de sangre y fue cuando me asusté muchísimo, empecé a gritar, a llorar, me puse como loco.

Lo agarraba con mis brazos y, mientras lo zarandeaba, yo le decía: "¡Vámonos! ¡Vámonos, *Vale*!", le decía yo, porque casi estoy seguro que él estaba vivo cuando yo lo agarré.

Pero no se movía, estaba con el ojo izquierdo medio abierto. En ningún momento habló, yo presentía que él estaba vivo, yo sentía que estaba vivo.

A mí me pegaron en la pierna el primer balazo y me abrió el pantalón, y esta mano, la mano izquierda mía, yo me la metí en la cortada, porque yo me estaba desangrando y de repente ya sentí más balazos y ya perdí la fuerza de la mano. Entonces, cuando la saqué de la pierna, ya la saqué sin fuerzas.

Es algo muy impresionante eso que vivimos, esos segundos, que nos trae a la mente a cada instante, la verdad.

En otra entrevista, Fausto Elizalde aseguró que un rosario fue el que milagrosamente le salvó la vida:

Ese día del accidente, salíamos del hotel. Me estaba lavando los dientes y me quité el rosario, se quedó a un lado del lavabo. Cuando ya salimos nosotros de la habitación, *Vale* se regresó, ya íbamos a cerrar la puerta, él agarró el rosario con su mano derecha, bien clarito lo tengo presente; lo agarró con su mano derecha y me lo dio. Me dijo: "Póngaselo, mi *Tanito*".

Durante su declaración ante el Ministerio Público, *Tano* aseguró que no pudo identificar a sus agresores, debido a que en ese momento se encontraba bajo los influjos de un fármaco que minutos antes había ingerido por sus problemas de presión arterial. Al momento del ataque, estaba somnoliento.

Luego de la balacera, Fausto descendió de la camioneta y echó a correr para intentar pedir ayuda. Calles adelante encontró un taxi y lo abordó para dirigirse hasta un hospital, donde finalmente lo atendieron. Fue intervenido de emergencia porque se estaba desangrando.

¿Un primer ataque sobre Valentín Elizalde?

Un año antes del asesinato de Valentín Elizalde, el periódico *El Imparcial*, de Hermosillo, Sonora, dio a conocer una noticia que cobraría relevancia durante las indagatorias del crimen del cantante.

En ella se destacaba el ataque con armas de grueso calibre que en 2005 había recibido una vivienda ubicada en la localidad de Los Lagos, a un costado de una casa propiedad del *Gallo de Oro*, pero que era habitada por su ex pareja sentimental, Azucena Rincón.

En esa ocasión, se descartó que la agresión hubiera ido dirigida sobre Valentín Elizalde, aunque tras su asesinato se avivó nuevamente la teoría de este presunto primer atentado.

En su información, *El Imparcial* destacó: "La balacera que se registró en Los Lagos durante las primeras horas del jueves no iba dirigida a la residencia de Valentín Elizalde", afirmó Mario Mendoza, mánager del artista (quien sería asesinado junto con Elizalde aquella noche en Reynosa). Aunque la casa del intérprete de *Soy así* está a un lado del domicilio que recibió una ráfaga de más de 100 disparos, descartó que el ataque hubiera sido contra *el Gallo de Oro*".

Mario Mendoza agregó al diario sonorense que Valentín Elizalde, efectivamente, se encontraba en Hermosillo. "No, fíjate que sí andaba en Hermosillo, yo pensé que andaba por acá [en Guadalajara], pero andaba allá, y yo le hablé creyendo que estaba aquí, y me dijo que se había ido a dar una vuelta a Hermosillo [*sic*]".

El mánager indicó además que aunque la casa era de Valentín, no vivía ahí, sino una ex pareja; pero que, de todas formas, el cantante no tendría de qué preocuparse porque era una persona que no tenía enemigos y no andaba metido en ningún tipo de problemas.

Además, comentó que si el comando hubiera ido en contra del *Vale*, no se habrían equivocado de residencia, porque fácilmente podrían haber averiguado en dónde vivía. "No tenemos de qué preocuparnos, no hay nada qué decir", dijo Mario Mendoza a *El Imparcial*. Se buscó la versión de Valentín Elizalde, pero sus teléfonos móviles "los mantuvo apagados". Así concluía la nota.

Sin embargo, las primeras versiones sobre el móvil que llevó al ajusticiamiento de Valentín Elizalde —la madrugada del viernes 25 de noviembre de 2005 en Reynosa, Tamaulipas—, giraron en torno a un supuesto ajuste de cuentas del crimen organizado.

De acuerdo con las primeras líneas de investigación, fue a través del corrido *A mis enemigos*, que Valentín había interpretado al final de su presentación en la Expo Feria de Reynosa, que supuestamente *el Gallo de Oro* mostraba su simpatía por el cártel de Sinaloa, comandado por el narcotraficante Joaquín *el Chapo* Guzmán Loera, y en cuya letra enviaba un aparente mensaje intimidatorio al cártel del Golfo, de Osiel Cárdenas Guillén, rivales de los de Sinaloa: "Para hablar a mis espaldas para eso se pintan solos/¿Por qué no me hablan de frente?/¿Acaso temen al mono?/Ya saben con quién se meten/vengan a rifar la suerte", dice una parte de la canción.

Dicha hipótesis se derivaría de la difusión en Youtube, de un video en el que el corrido *A mis enemigos* aparecía ilustrado con varias imágenes de ejecuciones, aparentemente realizadas por el cártel del Golfo.

Al final del video aparecía una fotografía del *Chapo* Guzmán, sosteniendo en sus brazos un rifle automático AK-47 y a un bebé.

La teoría refiere que el mensaje intimidatorio había alcanzado su propósito: molestar duramente a los jefes del cártel del Golfo. En respuesta a la presunta afrenta, la gente de Osiel Cárdenas Guillén habría ordenado la ejecución de Valentín Elizalde, en apariencia con una doble intención: mostrar su superioridad como grupo delictivo y vengarse de sus rivales, asesinando a su cantante preferido.

Sin embargo, ésa no sería la única línea de investigación que relacionó la muerte de Valentín Elizalde con una supuesta *vendetta* del crimen organizado. Según otras versiones, durante su presentación en Reynosa, Valentín había galanteado a una joven que se hallaba en el público, provocando la molestia de su acompañante, un aparente capo del narco que ordenó su ejecución inmediata al finalizar el concierto.

Se dijo también que, antes de iniciar su actuación en la expo, un grupo de misteriosos hombres había llegado hasta el camerino de Valentín Elizalde para ofrecerle una fuerte cantidad de dinero por presentarse a cantar esa misma noche en un bar de la localidad. Elizalde rechazó la invitación, a pesar de que al final le insistieron. Su negativa aparentemente derivaría en su ajusticiamiento.

Una más de las versiones apuntaría a que Elizalde sostenía relaciones amorosas clandestinas con la mujer de un poderoso narcotraficante de Sinaloa, quien lo habría mandado ejecutar al enterarse de los devaneos del artista con su mujer.

Dos mensajes anónimos, aparecidos un día después del asesinato del cantante en diferentes blogs de internet, y que fueron recogidos en la página www.chalino.com, aseguraban que bandas delictivas vengarían la muerte del artista:

> Conocemos a los asesinos del artista. En diez días los 10 integrantes del comando que mató al artista Valentín Elizalde Valencia serán ejecutados y sus videos serán difundidos por ese medio.
>
> Ayuda a nuestra causa, escríbenos a:
>
> www.geocities.com/asesindenarcos/asesindenarcos

Gracias Camaradas.

Mata un narco, Haz Patria!!!

[26 Nov. 2006 2:18:33 AM]

Vamos a Matar a los asesinos de Elizalde. Vamos a Matar a los asesinos de Elizalde.

www.geocities.com/asesindenarcos/asesindenarcos

Gracias Camaradas.

[26 Nov. 2006 2:11:29 AM]

La incredulidad de una noticia trágica

Comenzaba a clarear en Reynosa y mucha gente iniciaba sus labores cotidianas cuando empezó a sonar el rumor de que en la madrugada había ocurrido una balacera en el palenque de la feria, y que había varios muertos. Uno de ellos: Valentín Elizalde.

La incredulidad se generalizó cuando varias personas recordaron que apenas unas horas antes habían estado presentes en el palenque, muy cerca de Valentín Elizalde, durante y después de su presentación.

"Pero si yo me tomé una fotografía con él cuando terminó de cantar. ¿Cómo puede ser que lo hayan matado?", dijo uno de los parroquianos. "Yo hasta le pedí un autógrafo y le di un beso", aseguró una mujer. "¿A qué horas pasó, si yo me quedé en la feria después de que salimos?"... "Yo alcancé a escuchar unos tronidos, pero pensé que eran cohetes". Tal era la confusión entre los moradores de Reynosa.

Pero la realidad estaba escrita con balas de sangre, y tras aquella noche funesta, donde todavía se podía oler el olor de la pólvora, el cuerpo del *Gallo de Oro* fue reclamado por su madre, doña Camila Valencia, y sus hermanos, Jesús y Francisco Elizalde, para trasladarlo al aeropuerto de Ciudad Obregón, Sonora.

El cortejo fúnebre de Valentín Elizalde fue apoteósico, y entre porras, pancartas, llantos y lamentaciones, la caravana de más de dos mil personas se abrió paso más de cinco kilómetros, en un camino alumbrado por veladoras y perseguido por los cláxones de vehículos, que de esta manera se hacían presentes. En medio de aplausos y tumultos, el cuerpo de Valentín Elizalde arribó hasta su ciudad natal, Etchojoa, Sonora, donde fue velado.

A la mañana siguiente, el cortejo se duplicó. Más de 20 mil personas permanecieron postradas a un lado de la carretera, dando el último adiós al féretro que se dirigía al panteón. Entre globos, pancartas, flores y pañuelos blancos, Valentín logró lo que nunca imaginó: que de todos los rincones y municipios salieran decenas de personas a despedirlo, para demostrarle su cariño y clamar por justicia.

Hijo del *Gallo* Elizalde

Jitonhueca, pueblo ubicado en la comunidad de Etchojoa, Sonora —cuya extensión la divide el río Mayo—, el cual congrega a más de mil 500 habitantes, fue el lugar en el que Camila Valencia, una adolescente de 16 años de edad, estudiante de la carrera de Comercio, conoció a Everardo Elizalde García, Lalo *el Gallo* Elizalde, un hombre que le doblaba la edad, cantante de música regional que junto con Manuel López, de Hermosillo, formaba el dueto de Los Dos Gallos (antes llamado Dueto Hermosillo).

Everardo Elizalde, nacido el 21 de noviembre de 1940 en Guasave, Sinaloa, tuvo una niñez precaria, por venir de una familia rural. Fue vendedor de muebles, abonero y cobrador en su pueblo natal, hasta que conoció a Manuel López, un joven con aspiraciones artísticas con el que formó un dueto que ganó el primer lugar en un concurso de aficionados.

Desde entonces, se volvieron amigos inseparables y comenzaron a viajar por toda la región sonorense y el norte de Sinaloa, mostrando sus cualidades artísticas, su música y sus canciones.

A mediados de la década de los setenta, Los Dos Gallos visitaron Jitonhueca, pueblo campirano y costumbrista que realizaba sus fiestas patronales con singulares verbenas, actos religiosos y noches llenas de música y baile que servían de pretexto para la convivencia entre sus habitantes.

Fue en una de esas fiestas, amenizada por la música de Los Dos Gallos, donde Everardo conoció a Camila, la tímida provinciana de costumbres hogareñas y hábitos recatados que ese día había sufrido para que su madre le diera permiso para ir al baile con sus amigas.

Camila no llevaba pareja, ni era su intención encontrarla; lo que en realidad buscaba era divertirse, escuchar música y disfrutar de un rato de esparcimiento.

Pero, aunque esa tarde la actuación de Los Dos Gallos pasó inadvertida para Camila, para Everardo fue todo lo contrario. Su mirada quedó atrapada en la de esa mujer que no tardó en aceptar su invitación a bailar: "En un principio no quería tomarle la palabra, pero mis amigas me insistieron, comenzamos a bailar, me tomó de la mano y después yo ya no quise soltarlo. Me impresionó su amabilidad, sus atenciones y su coquetería, porque era un hombre que sabía hablarle a las mujeres".

Desde aquel encuentro, Everardo y Camila no se dejaron de ver. Las visitas del *Gallo* a Jitonhueca se hicieron frecuentes, hasta que en una de esas, Everardo se armó de valor y le pidió matrimonio. Camila sería su tercera y última esposa. Antes había sostenido relaciones amorosas con Filomena Torres y Blanca Estela Leyva, y había procreado ocho hijos.

Al poco tiempo, Everardo y Camila se mudaron a Navojoa, Sonora, donde el 14 de enero de 1977 nació su hijo Jesús Enrique, *el Flaco*, el primer varón de una dinastía de talentosos cantantes regionales. Valentín, el segundo hijo, nació el 1º de febrero de 1979, también con buena estrella y heredando el gusto por la música.

"A mi hijo siempre le gustó cantar. Íbamos a ver a sus abuelos a Jitonhueca y ahí, en las reuniones familiares, donde nunca faltaba la música y una guitarra, se ponía a interpretar canciones de su padre a cambio de un peso", dice Camila Valencia.

Juan Francisco, *el Chico*, nacido el 30 de septiembre de 1985, y Libia Zuleima, se sumarían a la descendencia del matrimonio Elizalde.

Su máximo ídolo: su padre

A Valentín Elizalde siempre le gustó el campo, el contacto con los animales y las labores de la tierra. Desde niño adoptó las costumbres provincianas, se esmeró, junto con sus padres y hermanos, en las faenas de la siembra y la cosecha, y cultivó con fascinación los campos de elote y calabaza.

Pero había algo que le gustaba mucho más, ser el centro de atención y atraer el interés de quienes lo observaban cuando cantaba. Y es que desde sus primeros años dio muestras de su talento y cualidades interpretativas. Ya desde entonces le vaticinaban que llegaría a ser muy famoso, como su padre, porque además contaba con algo muy especial: ángel y carisma.

A Valentín le gustaba acompañar a su padre cuando se iba a trabajar, quería aprender de él su dominio del escenario y la manera en que se comunicaba con el público, con la gente, con sus admiradores.

Se llenaba de orgullo cuando veía el respeto y cariño que la gente le profesaba a su padre; entonces, tomaba los discos y casetes del *Gallo* Elizalde y corría hacia la gente para venderlos, mientras les decía orgulloso: "¡Es mi papá!".

Everardo fue un padre consentidor, muy cariñoso y con un sentido del humor imprescindible. No había momento en que no estuviera haciendo reír a su familia, a la hora del almuerzo, en la comida o durante la cena; siempre tenía un chiste o alguna ocurrencia que lo hacía ser simpático con todos, por eso todos lo querían: los amigos, los compañeros, la familia y, en especial, Valentín.

Pero, artísticamente, Everardo aún no estaba satisfecho con lo que había logrado. Quería ser más famoso, traspasar la frontera de lo regional y llegar con su música a todos los rincones de México.

Se mudó con su familia a Guadalajara, Jalisco, donde buscó su expansión y mejores oportunidades de trabajo. Ahí grabó el tema *María bonit*a, de Agustín Lara, con ritmo de mariachi y acordeón, y su nombre comenzó a sonar.

El éxito le llegó tardíamente, ocurrió hasta que lanzó, con la banda sinaloense Clave Azul, *Catarino y los Rurales*, del compositor Luis Y. Julián. Con esta canción dio el trancazo musical que tanto había esperado, lo que le permitió ser conocido en varias partes de la República mexicana.

Al final de su vida, Everardo *el Gallo* Elizalde había realizado varios discos y participado en dos películas: *México norte* e *Infierno en la sierra*.

Para su mala fortuna, el destino le cobró prematuramente muy cara la fama. Valentín Elizalde tenía entonces 13 años de edad. Era el domingo 22 de noviembre de 1992, y su padre había tenido una presentación en el palenque de Villa Juárez, Sonora. Al terminar su actuación, Everardo subió a un auto en compañía de Renato Vélez, trompetista de la Banda Guamúchil, y de una mujer llamada Verónica Villegas, con quienes regresó a Guadalajara.

Pero la oscuridad de la noche, y el mal estado de la carretera, hizo que el auto se volcara en la llamada "curva de la muerte", y cayera a un canal de aguas pestilentes donde todos murieron ahogados.

La muerte de Lalo *el Gallo* Elizalde fue devastadora para su familia, primero para su esposa Camila, que recibió la noticia durante la madrugada, y después para sus hijos. Los sentó frente a ella para decirles en medio de su dolor: "Su papá tuvo un accidente y falleció. A partir de ahora estaremos juntos para salir adelante".

El Gallo Elizalde fue sepultado en el panteón municipal de Guasave, Sinaloa, donde recibió el adiós doloroso de su familia y del pueblo, que ya lo consideraba un ídolo.

Un gran dolor por la pérdida de quien lo era todo

Para Valentín Elizalde, el fallecimiento de su padre fue algo más que eso: fue la pérdida del ser que más amaba, su ejemplo, su amigo, su confidente y motivación artística, por lo que no pudo asimilarlo tan fácilmente.

Esa muerte rompió todas sus ilusiones y lo transformó en un niño solitario. Por un tiempo perdió las ganas de cantar, pero cuando la situación económica de la familia comenzó a agravarse, pues ya no estaba el pilar de la casa, el que proveía la comida y el vestido, todos los hermanos tuvieron que valerse por sí solos y empezar a trabajar para ayudar con los gastos a su madre.

Camila Valencia regresó con sus hijos a Jitonhueca para recibir la protección y el cobijo de sus padres, mientras se componía la situación económica. Volvieron al campo y continuaron con la venta de los pocos discos que quedaban del *Gallo*.

Poco a poco la situación fue mejorando, no tenían para darse lujos, pero cuando menos sí para comer. "Mi hijo Valentín entró a trabajar a una mueblería y cuando terminaba se iba al campo para recoger la cosecha; no nos dimos por vencidos, cada quien empezó a trabajar en lo que pudo, pues mi esposo ya no estaba para sacarnos adelante", recordaría Camila.

Valentín era ya un adolescente de 17 años y cursaba el bachillerato; luego viajó a la capital sonorense para estudiar la carrera de Derecho, pues siempre estuvo en contra de las injusticias. Terminó sus estudios, pero nunca ejerció. Estaba predestinado a seguir los pasos de su padre y, con el apoyo de Juan Diego Cota, compadre de su madre y restaurantero de tradición, comenzó a trabajar como cantante en un pequeño comedero.

Sin embargo, su estilo de voz, desganada y quejumbrosa, no pareció ser del todo agradable para el público durante aquellos comienzos.

A la postre su característico estilo cobraría fuerza y ganaría adeptos.

Su primera presentación profesional ocurrió unos meses después, aprovechando las fiestas de San Juan, en Bacame Nuevo, Sonora.

La primera experiencia fue interesante, logró lo que alguna vez vio en su padre, que el público aplaudiera sus canciones y bailara con su música. Pero, además, había conseguido otra particularidad: que las mujeres se interesaran por él.

Desde pequeño, Valentín Elizalde tuvo suerte con el sexo femenino. Era bien parecido, simpático y poseía una coquetería innata con la que de inmediato se ganaba los afectos. Cuando cursaba el kínder, *el Vale* se enamoró de su maestra; era sólo un sueño infantil, y ya entrado en la adolescencia comenzó a hacerse de novias formales, lo mismo en la secundaria que en la preparatoria. Recuerda Camila Valencia:

Mi hijo siempre fue muy "gallo" con las mujeres, sacó lo mujeriego de su padre. Desde pequeño era muy coqueto, se salía a la calle y miraba pasar a las niñas. Me acuerdo mucho que todos los días a la misma hora se paraba en la puerta y yo le preguntaba: "¿Qué tanto miras?" Y me decía: "A esa muchacha, mamá. ¿Verdad que está bien bonita?" En la primaria, las maestras me mandaban llamar porque *Vale* besaba a las niñas cuando se descuidaban. Era tremendo, mijo.

Siempre las respetó y quiso mucho, pero eran ilusiones de niños. Ya adolescente pienso que todavía no estaba totalmente preparado para formar un hogar y por eso seguido cambiaba.

A la par que comenzaba su carrera como cantante, visitando rancherías y municipios en los que presentaba sus primeras canciones, Valentín llegó a Ciudad Obregón, donde conoció a Gabriela Sabag, una joven de mirada enigmática y singular belleza, que de inmediato lo cautivó. Ambos tenían 20 años de edad y muchas ilusiones de formar una familia, por lo que poco tiempo después contrajeron matrimonio en una ceremonia donde se comprometieron para amarse hasta el último día de sus vidas.

Valentín no sabía que su relación con Gabriela Sabag se transformaría en un torrente de celos, discusiones y reclamos ocasionados por su misma carrera artística. Y es que durante el tiempo que duraron casados, que los hizo concebir dos hijas (Gabriela y Adriana Elizalde Sabag), la fama de Valentín subió de manera vertiginosa, los bailes se hicieron más frecuentes y las salidas por las noches más constantes.

En cada actuación, Valentín era consciente de que tenía que entregarse al público, por lo que aceptaba los consentimientos de decenas de admiradoras, que además de autógrafos le exigían un beso o lo hacían partícipe de sus afectos y cariños.

Pero Gabriela Sabag no entendió que así es la vida del artista, complaciente con el público y retributivo en afectos. Vinieron las discusiones, los enfrentamientos y la inminente fractura matrimonial de la pareja.

"Siempre lo quería tener en su casa, lo quería para ella sola, no lo compartía con sus admiradoras ni con el público. Quería que estuviera a ciertas horas o que no llegara en la madrugada, y eso era imposible para un cantante como él. Empezaron a tener constantes discusiones y terminaron por separarse", aseguró Jesús *el Flaco* Elizalde.

Valentín se sintió triste por la separación, pero fue lo mejor para la pareja, aunque los siguientes meses fueron tormentosos para el cantante, ya que no podía disfrutar plenamente de sus hijas como antes. Gabriela no lo dejó seguir viéndolas y además le exigió una pensión alimenticia.

Infiel y mujeriego

La vida sentimental de Valentín Elizalde tuvo constantes altibajos, y aunque trató de concretar una familia formal, nunca lo consiguió. Su fama lo convirtió en un hombre asediado por miles de mujeres, que lo llevaron a ser infiel.

En 2005, durante una entrevista que le realizó el animador chileno Mario Krauzberger, *Don Francisco*, para la cadena de televisión estadounidense Univisión, *el Gallo de Oro* confesó cuáles eran sus debilidades:

—¿Qué piensas tú de la fidelidad?

—Pues yo pienso que es algo muy difícil de lograr, pero no debe ser imposible.

—¿Por qué piensas que tú eres infiel?

—No, yo no pienso que soy infiel. De hecho yo sabría exactamente si he sido infiel o no. Pero en alguna ocasión sí lo he sido.

Sobre esta debilidad, Camila Valencia, mamá de Valentín, también lo confirmó durante una entrevista para el programa de televisión *La Oreja* (Televisa, 2006): "Está comprobadísimo que el vicio de mi hijo eran las mujeres, y él no las buscaba, ellas lo buscaban y, digo, algún vicio debía tener".

Y es que gozar de popularidad y carisma, y ser un hombre atractivo lo hizo fácil presa de las tentaciones femeninas, y tras su separación de Gabriela Sabag sostuvo relaciones con otras mujeres, entre las que se cuenta a Vianney Durán Brambila, una adolescente a quien conoció en un baile en Ciudad Obregón, cuando la invitó a subir al escenario.

El clic entre la pareja se dio de inmediato, y sólo unos meses después Vianney ya estaba embarazada de su hija Valeria, para su sorpresa, pues todavía estaba estudiando la carrera de estilista. "Cuando se lo conté a Valentín, se puso feliz, muy contento porque aunque ya tenía otras hijas, no las podía disfrutar", recordó Vianney.

El golpe fue mucho más duro para el padre de Vianney, Joaquín Durán, quien sentía que los sueños de su hija, sus estudios e ilusiones, se irían de la noche a la mañana a la basura. Luego le reclamó a Valentín, pero Elizalde tenía tanto ángel que de inmediato lo convenció de que él era un hombre responsable.

Lo cierto es que, aunque a la pequeña Valeria nunca le faltó nada, pues Valentín siempre estuvo al pendiente de su manutención, creció bajo los cuidados de sus abuelos, los Durán. Valentín Elizalde y Vianney Durán nunca vivieron juntos.

A finales de 2003, Valentín Elizalde, quien ya estaba pegando muy fuerte con canciones como *Mi amante* y *Se parece a ti*, conoció a Azucena Rincón, una jovencita de costumbres conservadoras, residente de Magdalena, Sonora. "Mis amigas me inscribieron en un concurso de belleza y lo gané, y Valentín me coronó. Ahí nos conocimos, pero luego de un tiempo me secuestró, me robó porque dijo que yo era todo para él y me amaba. Me dio miedo al principio, pero dentro de mí también quería estar a su lado".

A la semana de estar con Azucena, Valentín enfrentó también a sus padres. Estaban enterados de que tenía hijas con diferentes mujeres y una fama de mujeriego; lo amenazaron con denunciarlo por corrupción de menores, pero Azucena se opuso; tomó sus cosas y se regresó al rancho con su amado.

Un año después, Azucena quedó embarazada, pero el nacimiento de la tercera hija del cantante, Valentina Guadalupe, estuvo a punto de convertirse en una tragedia. En aquel momento, Valentín estaba trabajando al sur de Sinaloa, cuando le avisaron que Azucena había sido llevada al Hospital Cima, en Hermosillo, debido a que presentaba fuertes dolores abdominales.

El embarazo resultó prematuro y de alto riesgo, pues la niña aún no terminaba su gestación, apenas había cumplido los seis meses, pero era necesario realizar ya el parto. Los médicos estaban tan preocupados por la condición de Azucena, pues sufría preeclampsia, un padecimiento que afecta a mujeres embarazadas, que eleva la tensión arterial hasta el riesgo de sufrir convulsiones y un paro cardiaco. La encrucijada médica era evidente: o se salvaba la madre o la niña.

Valentín lloró como niño cuando supo que podía perder a cualquiera de sus dos mujeres. Canceló sus presentaciones y de inmediato regresó a Hermosillo, donde su devoción por la Virgen de Guadalupe se hizo patente. Comenzó a pedir fervorosamente por la salvación de Azucena y de su hija.

Las cosas se pusieron muy tensas, había nerviosismo, preocupación y esperanza, y milagrosamente todo cambió y ambas mujeres se salvaron. Era el 12 de diciembre, día de la Virgen de Guadalupe, y sucedió el milagro: la niña y Azucena se salvaron (por eso bautizó a su hija con el nombre de Valentina Guadalupe).

"Cuando mi hermano tuvo en sus manos a mi sobrina, lloró de emoción; nunca lo había visto tan emocionado. Sabía que Valentina o Azucena podían haber muerto durante el parto, pero gracias a Dios se salvaron", recordó Jesús Elizalde.

Pero la tercera hija de Valentín Elizalde estaba tan pequeña que cabía en la palma de una mano, por lo que tuvo que permanecer varias semanas en una incubadora. Sin embargo, este capítulo provocó un desbordamiento de sentimientos de Valentín Elizalde hacia Azucena y Valentina, a quienes ya no dejó ni un momento solas.

Valentín dedicó a Azucena una canción llamada *Ebrio de amor*. Le decía: "Cada que yo cante esta canción es porque me estoy acordando de ti".

En realidad, la canción no fue escrita para Azucena, pues data de las primeras grabaciones de Valentín; pero sí la hicieron suya como una rúbrica de amor. Tanto simbolizó esta pieza en los sentimientos de la pareja, que desde que murió Elizalde no se ha vuelto a escuchar en la casa de los Rincón.

Sin embargo, el mismo año en que nació su tercera hija, Valentín conoció en Guadalajara a Natalie Fernández Quintero, de 20 años de edad, de buena posición económica, educada y muy guapa, con quien inició a la par otro noviazgo. Azucena sabría de su existencia hasta el velorio del cantante.

Natalie Fernández cumplía con las características que Valentín siempre buscaba entre las mujeres: juventud, belleza y sencillez. Ella confió a la periodista Cristina Saralegui (*El show de Cristina*, Univisión, 2006):

Cuando empezamos, él me contó toda esa parte de su vida y me dijo: "Tengo tres niñas de diferente mamá"; me dijo que con la primera pasó esto, con la segunda esto y la tercera esto; la niña está todavía chiquita, y me dijo quiero serte sincero y no esconderte nada, y me habló con la verdad y me dijo que si lo aceptaba así, y pues dije: "Sí, está bien, pero quiero que me demuestres que estás conmigo y así me lo demostró".

Paulatinamente, y conforme crecía su amor por Natalie, Valentín se fue alejando de Azucena. "No sabía que él hasta tenía planes de boda con esta chica. Conmigo siempre vivió, me compró una casa y nunca nos desatendió ni a mí ni a mi hija. Sus ausencias siempre fueron por cosas de trabajo. Si tuvo amantes, no me enteré; yo era su pareja, su amiga. Todo", recuerda Azucena Rincón.

Pero Natalie se metió tanto en el corazón de Valentín, que a mediados de 2005 *el Gallo de Oro* le obsequió una grabación en la que le decía: "Para que veas que te quiero mucho y que te amo", y le propuso matrimonio.

"Nos íbamos a casar en febrero de 2006, ya estábamos preparando todo para la boda. Estaba muy feliz y me decía que conmigo había encontrado lo que tanto había buscando: la tranquilidad y estabilidad emocional como persona. Pero su muerte impidió que fuéramos felices. Él era toda mi vida", dijo Natalie en *El show de Cristina*.

Tras el asesinato de Valentín Elizalde, Natalie fue quien recibió las muestras de afecto y cariño de la madre y los hermanos del cantante. Amigos cercanos a Valentín Elizalde aseguran que el de Jitonhueca alguna vez confesó que, el día que tuviera un hijo varón, se establecería definitivamente con la mujer que se lo hubiera dado, y esperaba que con Natalie lo consiguiera.

Curiosamente, dos años después de su muerte, una mujer de Guadalajara, quien ocultó su identidad ante supuestas amenazas de muerte, aseguró ser la madre de un hijo varón de Valentín Elizalde, con quien había tenido una relación fugaz.

Esta mujer aseguró a un programa de televisión que Valentín Elizalde había reconocido a *Valecillo* a través de una prueba de ADN y un certificado de nacimiento, e incluso que había cantado con él en alguna de sus presentaciones. "Lo dejé de ver por mucho tiempo hasta que un día lo volví a encontrar en un programa de televisión. Hablé con él y aceptó su paternidad, tras someterse a una prueba de ADN. Tengo también el acta de nacimiento, en la cual asume su paternidad", dijo la mujer.

Pero, de acuerdo con un testimonio de la madre de Valentín (www.mivalentinelizalde.net), esta mujer ni siquiera conocía al cantante: "Esta señora una vez llegó a Guadalajara regalando unos discos, tratando de que la apoyáramos, pero no se vale que haga esto, mejor que haga publicidad por sus propios méritos y que respete la memoria de mi hijo".

Narcocorridos

A lo largo de su carrera discográfica (1999-2005), Valentín Elizalde interpretó toda clase de géneros musicales, desde canciones festivas como *La gallina ponedora, La papa* o *Cómo me duele*; o temas de amor y desamor como *Soy así, Te quiero así* y *La más deseada*.

Pero también se pronunció a favor de los llamados *narcocorridos*, una expresión popular derivada del tradicional corrido mexicano, que en sus inicios describía hechos históricos o crónicas que el pueblo recogía de noticias y actos heroicos. Con el paso del tiempo, el corrido se fue transformando en una exaltación de los personajes y sucesos ilícitos derivados del poder del narcotráfico.

El narcocorrido (cuyos mayores intérpretes han sido Los Tigres del Norte, un grupo surgido en 1968 en Los Mochis, Sinaloa, y conformado por los hermanos Jorge, Hernán, Eduardo y Luis Hernández), ha sido motivo frecuente de censura en las radiodifusoras nacionales. La mayor difusión de los narcocorridos ha sido en los estados del norte del país, como Sonora, Sinaloa, Chihuahua, Tamaulipas, Nuevo León, Baja California y Durango, lugares en los que predominan los cárteles del narcotráfico.

En la lucha contra la denominada narcocultura, en septiembre de 2005, el gobierno mexicano prohibió la difusión radiofónica de temas como *La banda del carro rojo, El contrabandista, El Señor de los Cielos, El avión de Colombia, Contrabando y traición, Jefe de jefes* y *La mafia muere*, la mayoría de ellos interpretados por grupos musicales como Los Tigres del Norte y Tucanes de Tijuana.

Valentín Elizalde siempre fue contundente en su manifestación en contra de la censura de los narcocorridos. Durante la conferencia de prensa en que presentó su disco *Soy así, el Gallo de Oro* dijo:

Como intérprete que abarca ese género, sería contraproducente para mí que en algún momento llegasen a desaparecer. Se cantan, porque son historias reales, que existen y que están ahí. Nosotros sólo las cantamos, como juglares. Nada más, pero son expresiones netamente populares.

De ninguna manera apruebo la idea de que se prohíban, porque son parte de la expresión popular, lo que el pueblo canta y lo que el pueblo quiere en términos musicales.

Desde que Valentín Elizalde realizó su primer disco, *Regresan los mafiosos* (1999), tuvo una marcada influencia y un gusto por este género de canciones. Al paso de los años, grabó corridos como *El escape del Chapo*, *Rodolfillo*, *Para nacer morí*, *Quiero charlar con la muerte* y *Cuando yo me muera*.

Sin embargo, fue el corrido *A mis enemigos* el que derivaría la hipótesis de que Valentín Elizalde había sido asesinado por órdenes de un alto jefe de un cártel del narcotráfico... Si bien el video, difundido a través de internet, no tenía ninguna relación con la carrera artística de Valentín Elizalde, usuarios anónimos sincronizaron la canción con imágenes de alto contenido violento. Existen varios datos que establecen una supuesta conexión entre los cárteles y su ejecución.

Supuestamente, el video fue colocado en internet por simpatizantes del cártel de Sinaloa, como una afrenta a sus rivales del cártel del Golfo, por lo que se especuló que el grupo de Los Zetas, brazo armado de la organización del Golfo, fue quien asesinó a Elizalde en respuesta a la afrenta que provocó el video.

Tras el asesinato de Valentín Elizalde, la agencia informativa AP destacó que, mientras que el cártel del Golfo se reivindicaba el homicidio del cantante, el de Sinaloa amenazaba con cobrarse la ofensa de la misma forma, por lo que respondieron dirigir sus ataques sobre otros intérpretes de narcocorridos como Los Tucanes de Tijuana —quienes desde entonces no se presentan en ningún evento musical en Sinaloa—, *Beto* Quintanilla —de quien el 1º de diciembre de 2006 corrió la versión de que había sido asesinado, aunque su muerte ocurriría el domingo 18 de marzo de 2007 a consecuencia de un infarto al corazón— y uno más apodado *la Sombra*.

Presentimiento de muerte

Durante una entrevista concedida al programa de televisión *El Tendedero*, del canal de paga VideoRola —cuyo conductor Juan Carlos Casillas Castañeda fue asesinado el sábado 29 de agosto de 2009 de un balazo en la cabeza al salir de una boda en el fraccionamiento Marina Vallarta, en Puerto Vallarta—, Valentín Elizalde, *el Gallo de Oro*, hizo hincapié en una extraña sensación y en el temor que sentía por su vida:

> Tengo ya... ¿qué será?... Unos dos meses que siento los pasos [de la muerte] ya cerquita. No sé por qué, pero ojalá y no sea así. Yo estoy tomando decisiones que pueden ser precipitadas, por lo mismo de que ya siento venir a la huesuda. Trato de prevenir algunas cosas, lo que más me preocupa es el dejar en conflicto a las familias o dejar problemas cuando mueres. Si algún día fallezco, que mi música siga adelante, que las nuevas generaciones las conozcan y que les guste.

Para muchos, estas declaraciones fueron premonitorias. Y es que durante su carrera, Valentín Elizalde tuvo una relación constante con el tema de la muerte a través de sus canciones; algunas inspiradas en sucesos que sellaron trágicamente su vida, como la sorpresiva muerte de su padre, Everardo *el Gallo* Elizalde, ocurrida en noviembre de 1992. Éste fue uno de los hechos que definieron esa marcada influencia.

En su producción discográfica *Mi satisfacción*, realizada en 2003, Valentín le rindió un homenaje a su desaparecido padre, interpretando dos canciones: *Lalo el de Guadalajara* y *Sobre la tumba de mi padre*, esta última en la que mostró la tristeza que aún sentía por su ausencia: "Lloré sobre la tumba de mi padre cuando quise reclamarle por qué solo me dejó/sentí que me ahogaba el sufrimiento el recuerdo de mi viejo me partía el corazón/lloré y le dije tantas cosas unas feas y otras hermosas pero sé que él me entendió/sentí su mano sobre mi espalda junto conmigo lloraba y después él se alejó".

Esta tendencia por cantarle a la muerte también quedó registrada en *118 balazos*, tema que parecía premeditar lo que poco tiempo después ocurriría sobre su propia vida: "Ya tres veces me he salvado de una muerte segurita con puro cuerno de chivo/me han tirado de cerquita 118 balazos y Diosito me los quita".

Temas que también estarían ligados a su trágico destino fueron: *Nadie es eterno en el mundo* ("Nadie es eterno en el mundo ni teniendo un buen corazón que tanto siente y suspira por la vida y el amor"), *Quiero charlar con la muerte* ("Quiero charlar con la muerte antes que acabe conmigo y decirle que por cuanto me deja troteando vivo por si allá en el otro mundo no haya mujeres ni vino") y *Cuando yo me muera* ("Cuando yo me muera no quiero que lloren, hagan una fiesta con cuetes y flores, que se sirvan vino y me traigan los Morales para que me toquen mis propias canciones").

Pero, más allá de las letras premonitorias de estas canciones, la alusión a su propia muerte quedó plasmada en el videoclip de la canción *Vencedor*, realizado en 2006 (siete meses antes de su asesinato), en el que estaban citadas las fechas de nacimiento y muerte de Valentín Elizalde.

El video describe la historia de amor del supuesto fantasma de Valentín Elizalde, que regresa desde el más allá para despedirse de su amada. El cantante aparece envuelto por una aureola de luz y llega hasta el panteón, donde se encuentra la lápida de su tumba con la inscripción: "Valentín Elizalde 1979-2006".

El videoclip resultaría impactante, pues en la lápida estaba escrito el año en que verdaderamente moriría el cantante. La leyenda urbana cuenta que, tras la filmación de este material, Valentín mandó destruir la lápida de la tumba ante la superstición de que su muerte podría volverse una realidad.

Luego del asesinato de Valentín, los productores del video prefirieron no difundirlo, como una manera de respeto al cantante y a sus familiares; sin embargo, doña Camila Valencia, madre de Valentín, pidió que se hiciera público.

Más narcocorridos

En el repertorio discográfico de Valentín Elizalde destacan varios corridos alusivos al narcotráfico y a sus personajes. En *Rodolfillo* se refiere al narcotraficante Amado Carrillo Fuentes, *el Señor de los Cielos*, y alude a su propia madre en esta frase: "Mi madrecita querida, por favor no estés llorando, yo aquí me encuentro en el cielo y con Amado".

En *El Narco Batallón*, describe el poder de corrupción que el crimen organizado ha ejercido sobre los cuerpos de seguridad nacional: "Se estremecieron los pinos y no crean que fue en la sierra, es que hasta la presidencia llegaba la lista negra de que 600 soldados permitían sembrar la hierba/la sierra de Mocorito para Irapuato también estaba grande el arreglo/abarcó hasta San Javier, se juntaron los ranchemos y compraron el cuartel/ay Guamuchil, Sinaloa, te llevo en mi corazón ahora te dieron más fama por el Narco Batallón".

El escape del Chapo describe la conocida teoría de su fuga: "El estado de Jalisco los hechos los presenció/del penal de Puente Grande *el Chapo* se les peló/de acuerdo con los custodios que *el Chapo* Guzmán compró/ *El Chapo* con su poder todo el penal corrompió/ dicen que en el aeropuerto ya lo esperaba un avión pa' sacarlo de Jalisco y en Sinaloa aterrizo".

El Hummer

En un rápido operativo de inteligencia que se realizó el viernes 7 de noviembre de 2008 en Reynosa, elementos de la Policía Federal Preventiva (PFP) detuvieron a Jaime González Durán, alias *el Hummer*, considerado como uno de los principales líderes del grupo delictivo Los Zetas, y uno de los hombres más buscados por los gobiernos de México y los Estados Unidos.

La detención del *Hummer* se logró sin que se realizara un solo disparo, pues fue una operación sorpresiva de inteligencia realizada en una de las casas de seguridad del capo, ubicada en la Segunda Privada y Quinta Santa Lucía del fraccionamiento Las Quintas, en Reynosa. Ahí fueron decomisados 150 mil dólares, presuntamente provenientes del tráfico de drogas, una pistola escuadra calibre .38 (matrícula 60107) con la palabra Versace en las cachas doradas y un cargador con nueve cartuchos útiles.

De acuerdo con información de la Unidad Especializada de la PFP, Jaime González Durán era un hombre extremadamente violento y fue el ejecutor en 2002 del rescate del narrotraficante Daniel Pérez Rojas, alias *el Cachetes*, del Penal de Santa Adelaida en Matamoros, Tamaulipas.

Jaime González Durán, un ex militar que desertó del Ejército mexicano el jueves 24 de febrero de 1999 —causó alta el viernes 15 de noviembre de 1991—, se unió al narcotraficante Osiel Cárdenas Guillén, alias *el Mata Amigos*, *el Loco*, *el Patrón*, *Padrino*, *Memo* o *el Viejón* (detenido el viernes 14 de marzo de 2003), líder del cártel del Golfo, como su guardaespaldas personal.

Junto con Arturo Guzmán Decenas y Heriberto Lazcano, *el Lazca*, González Durán dio origen al grupo de sicarios conocido como Los Zetas. González Durán era el responsable de las operaciones de trasiego y control de la plaza de Reynosa para el cártel de Los Zetas, cuya cabeza quedó en manos del *Lazca* y Miguel Treviño Morales, *el 40*.

González Durán era buscado por los delitos de producción y distribución de cocaína. Tras su detención, fue señalado por la PGR como el brazo ejecutor de integrantes de otras bandas delictivas en Reynosa, su centro de operaciones, y presuntamente también del cantante Valentín Elizalde, aunque de este último no se abrió ningún proceso para que se le investigara como responsable del homicidio.

Jaime González Durán fue trasladado al Penal de Alta Seguridad del Altiplano, antes La Palma, en el Estado de México. En marzo de 2012, un juez federal lo encontró penalmente responsable de los delitos de tráfico de cocaína, por lo que le dictó una sentencia de 35 años de prisión, una sanción que vino a sumarse a las dos condenas por 21 y 16 años, que previamente se le habían dictado por operaciones con recursos de procedencia ilícita y violación a la Ley Federal de Armas de Fuego y Explosivos.

Estaba en la "lista negra"

El que te va a matar no te habla y te avisa... ya van como 20 veces.
Norberto *Beto* Quintanilla, cantante de corridos, diciembre de 2006.

"Quince días antes de su muerte fue secuestrado." Así lo dijo Blanca Alicia Reyes, ahora viuda de *Beto* Quintanilla, luego de revelar que su esposo no había estado exento de la violencia del crimen organizado.

Blanca Alicia Reyes relató que ese día su marido se encontraba en la ciudad de Durango, pues se presentaría en una discoteca llamada Ashé, y que, mientras permanecía en un hotel, varios hombres llegaron en camionetas para someterlo e introducirlo en la cajuela de uno de los vehículos para llevárselo con rumbo desconocido. "Hace dos semanas, mi marido tuvo una contratación en Durango, y varias camionetas entraron al hotel rompiendo ventanas, se quisieron meter y a él lo sacaron en la cajuela de un carro".

El secuestro de *Beto* Quintanilla fue confirmado por empleados de la discoteca Ashé, quienes dijeron que la presentación del cantante de narcocorridos finalmente no se llevó a cabo debido a su ausencia.

Sin embargo, Quintanilla no quiso revelar a su esposa más detalles sobre su secuestro, por lo que poco se supo de este hecho en los medios de comunicación. Ésta no era la primera vez que se veía relacionado con la violencia del crimen organizado.

1º de diciembre de 2006

Sólo cinco días después del asesinato del cantante Valentín Elizalde (ocurrido la madrugada del sábado 25 de noviembre), se difundió el rumor de que el cantante originario de General Terán, Nuevo León, Norberto Quintanilla, también había sido asesinado por el narco.

Hay que recordar que 24 horas después de la muerte del *Gallo de Oro*, circuló en la página de internet Youtube una "lista negra" en la que supuestos sicarios del cártel de Sinaloa amenazaban con dar muerte a Los Tucanes de Tijuana, a *la Sombra* y a *Beto* Quintanilla. En esa ocasión, este último respondió: "El que te va a matar no te habla y te avisa... ya van como 20 veces".

El sábado 2 de diciembre, y tras el rumor de la muerte del cantante de corridos, Pedro Gutiérrez, su gerente de promoción envió un comunicado para convocar a una conferencia de prensa urgente:

A todos los medios de comunicación: En agradecimiento a la profunda preocupación mostrada por sus miles de admiradores, medios de comunicación, y público en general, por la falsa noticia difundida el pasado viernes 1° de diciembre en México y Estados Unidos, y en la que se mencionó la muerte de nuestro artista exclusivo *Beto* Quintanilla, nos vemos en la necesidad de citar a una conferencia de prensa, día lunes 4 de diciembre de 2006 a las 11:00 AM, en nuestras oficinas, ubicadas en el 705 Freeport St. Houston, Tx 77015 con teléfono (713) 450-2220. Cabe mencionar que el Sr. Beto Quintanilla estuvo presente para desmentir y agradecer personalmente a ustedes los espacios brindados en sus noticiarios y programas de espectáculos, lamentamos profundamente haber sido titulares en prensa, radio y televisión con una noticia tan falsa y tan desagradable, y a la vez reprobamos de manera enérgica la fuente que proporcionó esta noticia, ya que Frontera Music jamás ha utilizado, ni utilizará este tipo de escándalos para la promoción de los artistas que esta empresa representa.

Atentamente: Pedro Gutiérrez
Gerente de Promoción
Frontera Music / Planeta Music / Discos R y N / OTH Enterprises.

El propio protagonista del rumor lo desmintió

Gente allegada al también llamado *el Mero León del Corrido* fueron los primeros en desmentir el rumor de la supuesta muerte de *Beto* Quintanilla. Pocos días después, durante una entrevista que concedió al programa *El Show de Raúl Brindis y Pepito*, en Texas, el propio cantante, famoso por temas como *Pancho la sota, La panel café, La Rafaelita, Los pilares de la cárcel, El quemador, Las cuatro camionetas, Pacas de a kilo, Patrulla de blanco y negro, Silencio de muerte, Dios contra el Diablo* y *La carga ladeada*, entre otros, se mostró sorprendido por todo el revuelo que había causado la falsa noticia de su muerte.

RAÚL: Nos asustas, *Beto*, qué pasa, ¿de dónde salió todo esto?

BETO: No sé, me estaban hablando pero estoy tranquilo y trabajando igual. Mi esposa, mis hijos muy asustados, pero no ha pasado nada, todo está bien.

RAÚL: Gracias por darnos la oportunidad de platicar contigo, lo más importante de todo es que nos da coraje que corran los rumores que desquician a la gente, sobre todo en esta época de Navidad que queremos que todo sea paz y amor. ¿Qué piensa de lo de Valentín [Elizalde]?

BETO: Es una pérdida para... No sé qué está pasando, no sé en realidad bien qué paso, pero es una lástima.

RAÚL: ¿Seguirá cantando narcocorridos?

BETO: En todo lo que he cantado en 30 años de carrera y de música, no he hecho corridos en contra de nadie, nunca hablo de mis enemigos. Nunca en contra de nadie.

RAÚL: Luego de lo que pasó con Trigo [Figueroa], ¿te ves forzado a tener guaruras?

BETO: Yo voy a salir igual porque no tengo enemigos, no sé quién sea quien está haciendo todo eso, pero yo no tengo enemigos.

RAÚL: ¿Ha considerado cambiarse de ciudad, vivir en una ciudad que no sea el Valle?

BETO: Ahorita no he pensado en eso porque aquí tengo mis raíces.

Sin embargo, la noche del domingo 18 de marzo de 2007, sólo tres meses después de haber sido protagonista de este rumor, *Beto* Quintanilla, *el Mero León del Corrido*, murió de un infarto al corazón en el Hospital General de Reynosa.

"La muerte de *Beto* Quintanilla fue sorpresiva para sus familiares". Así lo describe una nota firmada por *LaOreja.tv*, en la que destacan:

El cantante se encontraba en perfecto estado de salud, incluso se fue a jugar billar antes de su deceso. Su esposa Blanca Alicia Reyes relató al portal de noticias *Enlinea directa* del estado de Tamaulipas, que Quintanilla se encontraba en buen estado de salud, por lo que el día de ayer [domingo18 de marzo] se encontraban conviviendo en familia, y le dijo que iba a jugar billar a un negocio de su propiedad, pues era uno de sus pasatiempos favoritos. Después de varias horas le informaron que había fallecido en el transcurso de su negocio al Hospital General, por lo que el golpe fue sorpresivo y duro para sus familiares.

Esta versión del deceso la confirma una nota publicada en la página web *Las Noticias de México.com* (www.lasnoticiasmexico.com/53480.html), donde se detalla cómo fueron los momentos previos a la sorpresiva muerte de Norberto Quintanilla:

Según su hijo, Jesús Gerardo, Quintanilla llegó a Reynosa de su gira en EU y fue a dar un chequeo a un negocio que tiene en la colonia Cumbres de esa localidad, ahí se detuvo a platicar con varios conocidos y estuvieron tomando.

A las 21:00 empezó a sentirse mal, pidió que lo llevaran al hospital, pero antes pasaron por su contador, quien se dio cuenta de la gravedad del asunto.

Me dijo el contador que se les quedó dormido en el camino y en el hospital intentaron reanimarlo, pero ya no pudieron hacer nada.

Esto, aunado a las amenazas que surgieron a través de la página de internet Youtube tras la muerte de Valentín Elizalde en 2006, y la cancelación de algunas fechas, han levantado suspicacias en el asunto.

De origen campesino

Norberto Quintanilla Iracheta era hijo de padres campesinos. Tuvo que trabajar desde muy niño debido a los problemas económicos que enfrentaba su familia. A los 13 años comenzó ordeñando vacas, luego fue empleado en un estanquillo, y durante la adolescencia empezó a componer canciones y a relacionarse con la música.

Rubén Polanco, director artístico de una compañía disquera, es quien le dio la oportunidad de cantar, y es así como, en 1976, grabó su primer disco con composiciones propias, entre ellas *Pancho la sota* y *La panel café*.

A lo largo de 28 años de trayectoria, realizó cerca de 30 discos en los que incluyó más de 200 canciones.

Norberto Quintanilla integraba parte de su repertorio musical con narcocorridos, temas que lo llevaron a gozar de una gran popularidad en México y los Estados Unidos, y a defenderlos cuando en el año 2002 comenzó a difundirse el rumor de la posible prohibición de los corridos en la radio. *Beto* Quintanilla se manifestó inconforme con esta iniciativa y compuso el tema *Libertad de expresión*, como una forma de protesta ante la censura del gobierno.

Seis tiros por la espalda

A finales de 2005, en su lucha frontal contra el narcotráfico, el gobierno federal desplazó a más de 200 elementos de la PFP hacia los cinco puntos de acceso carretero a la ciudad de Morelia, lugares en los que fueron montados retenes de revisión con la idea de contrarrestar las acciones del crimen organizado.

Pero ni la presencia de las fuerzas federales, ni los impresionantes convoyes de patrullas, camiones blindados, helicópteros y efectivos fuertemente armados, impidieron que los cárteles siguieran gobernando en la entidad.

Javier Morales Gómez, vocalista del grupo norteño Los Implacables del Norte, se convirtió en la víctima número 544 de las ejecuciones —y de la impunidad— del crimen organizado en Michoacán.

14 de diciembre de 2006

Habían pasado menos de cinco minutos desde que Javier Morales Gómez arribó a bordo de su camioneta modelo reciente color verde (con placas de circulación texana) al jardín Juárez, ubicado sobre la calle Leona Vicario, en el barrio de Cahuaro, en Huetamo, Michoacán, cuando bajó del vehículo y comenzó a hablar por su teléfono celular mientras agitaba desmesuradamente el brazo en cada contestación.

¿Quién estaría del otro lado de la línea? ¿De qué hablaban?

Nadie podía imaginar que aquel hombre, vocalista del grupo Los Implacables del Norte, quien sobre el escenario gozaba de una gran simpatía y cariño, estaba a punto de morir acribillado ante la mirada incrédula de varias personas.

Eran las 20:30 horas y cuatro sujetos que portaban diversas armas se acercaron a él. Javier Morales Gómez nunca se dio cuenta de su presencia hasta que le dispararon seis balas a quemarropa por la espalda, dejándolo gravemente herido. Su cuerpo cayó abatido en su propio charco de sangre.

De inmediato, los sujetos se dieron a la fuga en un automóvil marca Nissan color blanco con vidrios polarizados, ubicado a sólo unos metros del lugar de la agresión. Pero el estupor causado por las detonaciones generó terror entre la gente que en ese momento rodeaba el jardín Juárez; varios corrieron, otros se escondieron, y algunos más quedaron petrificados por la dramática escena.

Alguien se armó de valor y se acercó al hombre herido, al hombre que yacía moribundo. Llamó a una ambulancia que trasladó a Javier Morales Gómez a la Clínica Coplamar, mas no resistió: los seis impactos de bala habían causado estragos internos y una fuerte hemorragia que le provocó la muerte al llegar al hospital.

Durante las primeras investigaciones, y por la forma en que fue ejecutado el cantante, se dijo que pudo haberse tratado de una venganza o un ajuste de cuentas del crimen organizado.

Entre los éxitos del grupo Los Implacables del Norte destacan *Campesino por herencia*, *El Chaneque*, *Mi novia Yolanda*, *Pa' cabrón soy más yo*, *Amor fracasado*, *Un montón de cartas*, *Tatuajes de amor*, *Desde la Ciudad de México*, *Gaviota arrepentida*, *El Bronco*, *Gallo de Palenque*, entre otros.

CASO: TECNO BANDA FUGAZ

Rafagueados

*Mi marido y mis hijos iban pasando por la calle, para llegar a la casa;
no es cierto que hayan salido mal en el baile con alguien,
ni tampoco que tocaran narcocorridos.*
Señora Lule, esposa de Carlos Hurtado González,
propietario de Tecno Banda Fugaz, 19 de febrero de 2007.

No se caracterizaba por interpretar narcocorridos, tampoco se sabía que algún capo del crimen la hubiera apadrinado, mucho menos que estuviera relacionada con el narcotráfico. Era una banda que le cantaba al amor, al desprecio y a la reconciliación; era una banda que interpretaba música de cumbia, tecno y duranguense.

En 30 años se había ganado el aprecio de su comunidad, Tierra Caliente, en Morelia, Michoacán, aunque nunca grabaron un disco. Fue en esa misma entidad donde la inseguridad y la violencia terminaron en sólo unos segundos con sus aspiraciones... y su propia vida.

18 de febrero de 2007

Eran poco más de las 04:00 horas de la madrugada del domingo cuando los integrantes de la Tecno Banda Fugaz regresaban de un baile que habían amenizado en la vecina población de Las Carámicuas, municipio de Ario de Rosales, en Morelia, Michoacán.

El grupo había llegado directamente a la plaza Mariano Matamoros, en pleno centro de Puruarán, municipio de Turicato (a 158 kilómetros de Morelia), a bordo de una camioneta Chevrolet *pick up*, modelo 1986, de la que comenzaron a bajar sus instrumentos musicales para dirigirse cada uno a sus respectivos domicilios y descansar de la larga faena de esa noche.

Pero, justo en ese momento, un comando fuertemente armado con fusiles AK-47, de los llamados *cuernos de chivo*, que presuntamente los había venido siguiendo, los sorprendió disparándoles una ráfaga de balas calibre 7.62 × 39.

En el lugar quedaron muertos Carlos Alberto Hurtado Lule, de 26 años, organista e hijo de Carlos Hurtado González; Cristóbal Juárez Serrano, de 31 años y Noé Camargo Mendoza, de 21 años; y gravemente heridos: Carlos Hurtado González, de 57 años, propietario de Tecno Banda Fugaz, y Daniel Gómez Pimentel, de 30 años.

Luego de la agresión, el grupo de pistoleros se dio a la fuga sin ser identificado. Minutos después, tras el arribo de los servicios de emergencia, Carlos Hurtado González fue trasladado a un hospital en Morelia; mientras que Daniel Gómez Pimentel, originario de Puruarán, pero residente en Guadalajara, al Hospital Regional de Tacámbaro, donde minutos después de ingresar a la sala de cirugía falleció debido a sus heridas.

Contradicciones de las autoridades

De acuerdo con las primeras informaciones, la Tecno Banda Fugaz se había negado a tocar una hora más en el baile de Las Carámicuas, lo que provocó que el público les chiflara y un grupo de hombres se las sentenciara. Presuntamente, al terminar su presentación, la Tecno Banda Fugaz abordó su camioneta para regresar a Puruarán, pero nunca se percataron de que otro vehículo los venía siguiendo.

En una entrevista telefónica realizada por el periodista Rafael Rivera Millán, corresponsal del periódico *El Universal* (publicada el lunes 19 de febrero de 2007), la esposa de Carlos Hurtado González, madre de Carlos Alberto Hurtado, quien sólo se identificó como la señora *Lule*, aseguró:

> Mi marido y mis hijos iban pasando por la calle, para llegar a la casa; no es cierto que hayan salido mal en el baile con alguien, ni tampoco que tocaran narcocorridos.

Sólo Dios sabe cómo mi esposo y mis hijos nos amarramos la tripa para poder comprar los instrumentos y una camioneta del *año del caldo*, para que pudieran transportarse hacia los lugares donde los contrataban para amenizar bailes, y ahora unos desalmados me han matado a mi muchacho, y a mi marido lo tienen al borde de la muerte en Morelia.

Los cuatro músicos fallecidos fueron sepultados en el panteón municipal de la población de Puruarán, justo a la misma hora en que el procurador general de Justicia del estado, Juan Antonio Magaña de la Mora, ofrecía una conferencia de prensa en la que señaló que el asesinato de los integrantes de la Tecno Banda Fugaz no tenía nada que ver con el crimen organizado, contradiciendo evidentemente lo dicho horas antes por el secretario de Gobierno, Enrique Bautista Villegas, quien aseguró que la muerte de los músicos "es una señal de que el crimen organizado no se ha ido de Michoacán".

Cuatro ejecutados

Giovanni Núñez se mantuvo en comunicación vía telefónica con sus familiares, pero nadie sabe si se encuentra bien o padeciendo de alguna herida; se presume que se mantiene en alerta para no ser localizado por los agresores.
EL SIGLO DE TORREÓN, 10 de junio de 2007.

Eran residentes del municipio de Hidalgo del Parral, Chihuahua, y ya tenían varios años de haber conformado el grupo de música norteña Los Padrinos de la Sierra. Su agenda estaba comprometida con presentaciones en diversos municipios del norte del país, donde su música y sus canciones —narcocorridos sobre todo— eran bien conocidas. Pero cuando regresaban de su última presentación, su música se tiñó de sangre...

5 de junio de 2007

Poco después de amenizar una fiesta particular en la comunidad de Las Banquetas, en Tamazula, Durango, los integrantes del grupo Los Padrinos de la Sierra se disponían a regresar a Parral, su lugar de residencia, cuando presuntamente un hombre se acercó al líder de la banda, César Ramírez Ávila, para amenazarlo de muerte luego de haber sostenido un pequeño altercado durante la convivencia.

Aunque el enfrentamiento en apariencia no había pasado a mayores, cuando el grupo iniciaba su retorno a casa y circulaba a bordo de una camioneta sobre el municipio de Baborigame —en los límites del municipio chihuahuense de Guadalupe y Calvo—, otro vehículo los emboscó, acribillando a tiros a tres de sus integrantes con un arma de alto poder: el propio César Omar Ponce Velásquez, de 18 años, Fidel Omar Gutiérrez Loera, de 22 años, y César Ramírez Ávila, de 32 años, quienes murieron instantáneamente, dejando herido a Giovanni Núñez Montoya.

A pesar de sus heridas, este último logró escapar y se trasladó hasta un poblado cercano desde donde se comunicó telefónicamente con familiares de los músicos ejecutados, a quienes informó de lo ocurrido.

De acuerdo con reportes de la policía, luego de las ejecuciones, el grupo de delincuentes trasladó los tres cuerpos acribillados hasta un camino de terracería, donde los abandonaron.

En datos de la crónica informativa aparecida en la página web del periódico *El Siglo de Torreón* (www.elsiglodetorreon.com.mx/noticia/279963.continua-desaparecido-un-padrino-de-la-sierra.html), el paradero del músico lesionado era incierto en ese momento: "Giovanni Núñez se mantuvo en comunicación vía telefónica con sus familiares, pero nadie sabe si se encuentra bien o padeciendo de alguna herida; se presume que se mantiene en alerta para no ser localizado por los agresores".

Pero la noticia de la desaparición de sus tres compañeros trascendió a todos los medios de comunicación, incluso hubo una campaña de localización promovida por las radiodifusoras de Chihuahua.

Hallan los cadáveres

Cuatro días después de su desaparición fue que policías de la Dirección Estatal de Investigación (DEI) reportaron el hallazgo de tres cadáveres en el camino El Tecuán-El Durazno, a la altura del denominado Puente del Diablo, en Chihuahua.

Los cuerpos fueron llevados al anfiteatro, donde se logró la identificación de quienes en vida formaban parte del grupo Los Padrinos de la Sierra; luego fueron trasladados en una avioneta rentada hasta el municipio de Hidalgo del Parral, donde fueron sepultados.

CASO: ZAYDA PEÑA, VOCALISTA DE LOS CULPABLES

Una relación sentimentalmente prohibida

Cómo duele callar este gran amor que tú y yo nos tenemos, cómo
cuesta fingir ante los demás que no nos conocemos si te miro
y quisiera abrazarte, me conformo sólo con mirarte y aunque
muera por ir a besarte tengo que esperar.
"Amor ilegal", canción de Zayda Peña
incluida en el álbum *Como mariposa*, 2002.

Apenas tenía 26 años de edad, pero su carrera como vocalista del grupo Los Culpables ya la consolidaba como una de las intérpretes más prometedoras del género grupero. En la radio, sus temas *Atrévete, Amor ilegal, De contrabando, Tiro de gracia* y *Sueños y tatuajes* se habían situado entre los primeros lugares de popularidad.

No tenía conexiones con traficantes de droga ni con el crimen organizado; no tenía deudas pendientes ni enemigos; tampoco le cantaba a la droga, a los capos o al inframundo del narcotráfico. Era una mujer con sueños y anhelos, de talento, simpatía y belleza, que una noche tuvo la desventura de seguir sus instintos y toparse con la muerte, una muerte que se cruzó por su camino de la mano de alguien que tenía que ver con el crimen organizado.

29 de noviembre de 2007

A su madre le dijo que esa noche asistiría a un concierto de la cantante Alejandra Guzmán, en compañía de su mejor amiga, Ana Bertha González, una mujer de 32 años de edad, madre de dos hijos, y quien hacía poco se había separado de su pareja sentimental, un sujeto que, a decir de quienes lo conocían, era violento e irascible.

Lo que doña Blanca Aidé Arjona nunca se imaginó es que, después de aquel concierto y ya entrada la noche, su hija Zayda Peña no regresaría a la casa, tomaría otra dirección y, junto con Ana Bertha González, quien conducía un automóvil modelo Chevrolet Safira 2006, color rojo, se enfiló hasta el motel Mónaco, en el kilómetro 3.10 de la carretera a Reynosa.

Hasta ese lugar llegaron las dos mujeres, quizá nerviosas y excitadas por la sensación que ello les significaba, pues para sus familias su relación no iba más allá de la amistad.

Zayda era una mujer extremadamente bella y seductora, y muchos jóvenes que la admiraban, o que simplemente disfrutaban de su amistad, la habían querido enamorar, amar.

Tal vez ni ella misma sabía cuánto la deseaban los hombres, pero sus emociones al parecer eran correspondidas por Ana Bertha, y sólo ellas lo sabían; era una relación secreta, clandestina... Hasta que esa noche la tragedia descubrió su "amor ilegal".

Matamoros, Tamaulipas: a las 23:10 horas, Zayda Peña y Ana Bertha González habían ingresado a la habitación número 11 del motel Mónaco. Ahí, Ana Bertha se desnudó: lentamente dejó caer sus ropas junto a la cama, sobre la alfombra, su tersa piel color morena lucía fresca y sutil, aun después de haber pasado por dos embarazos.

Zayda comenzaba a desabrochar sus *jeans*, cuando alguien llamó a la puerta.

El comandante de la Policía Ministerial en Matamoros, Tamaulipas, Arturo Cortés Solís, quien sería uno de los primeros en llegar a la escena del crimen, señalaría en su declaración que uno de los empleados del motel presenció el instante en el que "un vehículo se introdujo a alta velocidad al estacionamiento del inmueble y de él bajó un individuo de poco más de 1.80 m de estatura, que se acercó directamente a uno de los cuartos [el 11]".

De acuerdo con la investigación de la Procuraduría General de Justicia del Estado (PGJE), en el momento en que Zayda Peña abrió y asomó el rostro, el sujeto corpulento que portaba un arma calibre .380 aventó la puerta y entró violentamente a la habitación. Zayda intentó correr hacia el interior, pero, en cuanto le dio la espalda a su agresor, recibió un disparo en el omóplato izquierdo, que desvió la bala hasta salir por su barbilla, dejándola gravemente herida sobre un sofá.

Aquel incontrolable hombre no paró ahí. Metros adelante, junto a la cama, encontró de pie y desnuda a Ana Bertha González, quien sin tener oportunidad de defenderse recibió dos disparos: uno directamente en la nariz y otro en el cuello, que instantáneamente le cegaron la vida.

En medio de las detonaciones y los gritos de las aterradas mujeres, uno de los empleados del motel, el recepcionista Lorenzo López Sánchez, llegó hasta la habitación número 11 sólo para convertirse en la tercera victima... El enardecido sicario salía del cuarto cuando se topó de frente con Lorenzo, quien sin mediar tiempo para dar una explicación, recibió un disparo en la cabeza. Su cuerpo se desplomó sin vida a unos metros de la puerta.

Abel Infante Lara, agente tercero del Ministerio Público en Matamoros, aseguró que los hechos trágicos ocurrieron cerca de la media noche: "Me trasladé de inmediato al motel Mónaco, cuando se me avisó que en el interior había dos personas al parecer ya sin signos vitales".

En cuestión de minutos, el motel se vio rodeado por decenas de patrullas y elementos de seguridad de la policía municipal. Horas más tarde, fue localizado abandonado un automóvil modelo Dodge Intrepid —color acero con matricula K19YNC del estado de Texas con el motor en marcha—, en el Puente Internacional Puerta México, frente a las instalaciones de Banjército. Sus características coincidían con los datos del vehículo que había estado en el motel Mónaco. En el interior fue hallada una pistola calibre .380.

Rematada en el interior del hospital

Mientras los cuerpos de Ana Bertha González y el empleado Lorenzo López Sánchez yacían en un charco de sangre (ella sobre la cama y él en el piso), paramédicos de la Cruz Roja trasladaron aún con vida a Zayda Peña hasta el Hospital General Alfredo Pumarejo, donde ingresó con heridas graves en el cuello.

Blanca Aidé Arjona, madre de Zayda, había llegado al hospital poco después de que su hija ingresara al quirófano, por lo que supo que aún estaba viva. Luego de la cirugía, Zayda Peña fue trasladada al área de terapia intensiva, donde se esperaba su recuperación. Para su madre, que en todo momento estuvo al pendiente de su atención, ésa era la mejor de las noticias.

Pero el sábado 1 de diciembre, sólo unas horas después de la cirugía, ocurrió lo inesperado... Aprovechando el cambio de turno de personal del Hospital General Alfredo Pumarejo, y que el nosocomio se encontraba en remodelación y con escasa seguridad, a las 6:15 de la mañana un sujeto que vestía ropa color negro, presuntamente el mismo que había atacado a las mujeres en el motel Mónaco, logró internarse en los pasillos para llegar hasta el área de terapia intensiva donde aún permanecía Zayda Peña.

Ahí, varios médicos y enfermeras notaron su presencia, pero abandonaron de inmediato la sala cuando el sujeto sacó de entre sus ropas una pistola calibre .38. El sicario se abrió paso velozmente hasta llegar a la cama de Zayda, quien convalecía adormilada por efectos de la anestesia. En ese lugar la remató, disparándole en tres ocasiones: dos balas se incrustaron en el tórax (una al lado derecho del pezón), otra en el hombro izquierdo y una más en el rostro. Zayda quedó fulminada sobre la cama del hospital.

Días después, esta versión contrastaría con la de los peritos de la procuraduría, quienes hallaron dos calibres diferentes en las balas utilizadas para dar muerte a la cantante, una .38 y otra .380, lo que sugirió que el sujeto utilizó simultáneamente dos pistolas, o que otra persona, en complicidad, también participó en el crimen.

Después del homicidio, el sujeto que ultimó a Zayda Peña salió del nosocomio, confundiéndose entre las decenas de personas que a esas horas ya se encontraban en las salas de espera.

Reportes extraoficiales indicaron que probablemente, y debido a las características del homicidio, Zayda Peña pudo haber sido víctima de un crimen o una venganza pasional debido a la aparente relación lésbica que mantenía con Ana Bertha González, y que presumiblemente pudo generar los celos de la ex pareja masculina de González.

Esta teoría se derivaría de la relación que la procuraduría encontró entre el hallazgo del automóvil del presunto homicida, localizado en el Puente Internacional Puerta México, y su propietario, un hombre de origen texano cuyas características físicas y de nacionalidad coincidían con las del sujeto que había sido pareja sentimental de Ana Bertha González.

Se cree que tras el primer atentado en el motel Mónaco, el hombre no cruzó la frontera sino que regresó a Matamoros para rematar a la cantante cuando supo que había quedado con vida y podía identificarlo.

El mismo día en que ocurrieron los trágicos sucesos en el Hospital General Doctor Alfredo Pumarejo, y con los indicios que señalaban al sujeto texano como uno de los principales sospechosos del homicidio, investigadores de la Policía Ministerial del Estado de Tamaulipas giraron una solicitud de búsqueda al Departamento del Sheriff del Condado de Cameron, Texas, encabezado por el alguacil Álvaro Guerra, quien confirmó que el vehículo localizado en el Puente Internacional Puerta México había sido adquirido recientemente en el condado de Brownsville.

Otra línea de investigación sumada a las indagatorias en torno al crimen de Zayda Peña sugirió que podía tratarse de una clara venganza del crimen organizado en contra de Blanca Aidé Arjona, madre de la cantante, quien hasta entonces se desempeñaba como ministerio público en Matamoros.

En medio del dolor y una gran consternación, Zayda Peña fue sepultada en el cementerio Parque Funerario San Joaquín.

La Dama del Sentimiento

Zayda Aidé Peña Arjona nació el 5 de marzo de 1981 en Matamoros. Desde niña tuvo el gusto por la música, aunque fue hasta que cursaba la secundaria cuando se fijó el propósito de ser cantante.

A los 17 años se integró a la Rondalla Femenina de Matamoros, donde destacó por su limpia voz, su belleza, sus ojos azules y su pelo rubio, que siempre llamaron la atención de los adolescentes y uno que otro hombre maduro.

Profesionalmente inició su carrera cuando, apadrinada por el cantante Lupe Esparza, vocalista del grupo Bronco, realizó su primer disco de baladas románticas, *Enamorada*, con el que comenzó a darse a conocer en los municipios de Tamaulipas.

Tras ser promovida a cantar música de banda, se unió a un grupo de diestros músicos con quienes formó el grupo Los Culpables; con ellos empezó a crear un estilo muy particular, que se conformaba por canciones llegadoras, de amor y desamor, y así firmó su primer contrato con la compañía disquera Musart, grabando el lunes 17 de febrero de 1997 el disco *Zayda y los Culpables*, donde incluyó los temas *Mariposa*, *Sismo de pasión*, *Déjala o déjame*, *Sabor maduro*, *A punto de quebrarme*, *Tú, solamente tú*, *Te voy a decir*, *Te regalo mis ojos*, *Si quieres verme llorar* y *De contrabando*, estos dos últimos se colocarían de inmediato entre los preferidos de la radio.

A partir de ese momento, Zayda Peña, cuyo estilo la llevó a ser llamada *la Dama del Sentimiento*, realizó presentaciones en varios estados de la República mexicana y en los Estados Unidos, en los que fue obteniendo éxito y popularidad.

Sin embargo, su carrera no fue fácil. En ese momento el panorama musical entre las mujeres gruperas estaba dominado por figuras como Priscila y sus Balas de Plata, el grupo Límite —con la vocalista Alicia Villarreal—, Graciela Beltrán y Ana Bárbara, cuya trascendencia las había situado entre las principales voces femeninas de la música de banda.

A pesar de ello, Zayda Peña siguió proyectando su carrera y, de 1998 a 2006, realizó nueve producciones discográficas con Los Culpables: *Sola*, *Atrévete*, *Estoy enamorada*, *Sensible*, *Como mariposa*, *El amor es así*, *Para enamorados*, *Caída libre* y *Me muero por estar contigo*.

En un intento por darle proyección y variedad a su trayectoria, en 2001 el productor Cuitláhuac Delgado y su compañía disquera Musart le produjeron un disco de música ranchera titulado *Estoy enamorada*, acompañada por el Mariachi Águilas de América, de Javier Carrillo. En este material interpretó canciones de compositores como Javier Castillo, Carlos Martínez y Manuel Cázares.

Zayda Peña había consolidado un buen futuro como artista y cantante, venían nuevos proyectos, nuevos discos con Los

Culpables y la internacionalización de su carrera. Se había convertido en pequeña empresaria; tenía dos negocios y su compromiso familiar era cuidar a su madre y a su medio hermano de 11 años de edad.

Pero, sentimentalmente, Zayda Peña se sentía sola, era una mujer que artísticamente lo daba todo sobre el escenario, pero debajo mostraba cierta timidez e inseguridad ante los hombres. Tenía muchos amigos y todos sabían que quería ser amada. Dicen que alguna vez tuvo una pareja, pero los viajes, las grabaciones y el trabajo excesivo le impidieron seguir esta relación.

Zayda Peña fue una mujer que al final se entregó al "amor ilegal", al "amor prohibido" y, cuando en la intimidad pensó que había encontrado un motivo para ser feliz, el destino le cortó las alas.

Le advirtieron que no se presentara en Morelia

Al principio me dijo algo que me sorprendió desde el concierto en Tlalnepantla. Me dijo que se sentía nervioso, muy raro, y yo lo abracé. En Morelia, antes del concierto, me dijo: "¿Sabes algo? No tengo miedo de morirme, y si me muero lo hago feliz porque he llevado al grupo [K-Paz de la Sierra] hasta donde he querido".

HUMBERTO DURÁN, ex integrante de K-Paz de la Sierra, conferencia de prensa, 3 de diciembre de 2007.

La explanada del Estadio José María Morelos y Pavón, en Morelia, Michoacán, fue el escenario del último concierto realizado por Sergio Gómez Sánchez, líder y vocalista del grupo K-Paz de la Sierra, secuestrado, torturado y ejecutado horas más tarde por varios sicarios.

Sergio estaba consolidado como uno de los artistas más exitosos del género musical grupero, cosechaba triunfos en gran parte del territorio mexicano y el sur de los Estados Unidos, y gracias al llamado sonido "duranguense", en sólo cuatro años pudo convertirse en uno de los artistas más prolíficos de ese ámbito.

A principios de 2007 había cerrado un jugoso contrato con una empresa promotora de espectáculos para presentarse a finales de ese mismo año en Morelia, Michoacán, estado del que era originario.

30 de noviembre de 2007

Su concierto resultó apoteósico e inolvidable. K-Paz de la Sierra apareció sobre el escenario, luciendo elegantes trajes color azul claro, con bordados en negro y plata, y en medio de un espectacular juego de luces y fuegos artificiales, Sergio Gómez, *La voz que le canta al amor*, interpretó durante poco más de dos horas sus más exitosas canciones: *Procuro olvidarte*, *La vecinita*, *Volveré*, *Te juro que te amo*, *Mi credo*, *Pero te vas a arrepentir* y *Con olor a hierba*, entre otras.

Para regocijo de los más de 40 mil asistentes al concierto —en el que también se presentaron los cantantes Joan Sebastian, Sergio Vega, *el Shaka*; Germán Montero y el grupo Tierra Calí—, Sergio ascendió sobre el escenario en una plataforma sostenida por una grúa. Desde ahí interpretó otros de sus temas.

Alrededor de las tres de la mañana del domingo 1º de diciembre, el espectáculo de K-Paz de la Sierra terminó sin mayores contratiempos; de inmediato los integrantes del grupo abordaron diferentes vehículos para trasladarse a Puerto Vallarta, donde horas más tarde tendrían otra presentación en un centro de espectáculos ubicado en la colonia La Mojonera.

"Nos presentamos en Morelia ante más de 40 mil personas; después del concierto cada quien se dirigió a su vehículo y no sé con quién iba Sergio", afirmaría Humberto Durán, segunda voz de K-Paz de la Sierra, durante el funeral del cantante.

En realidad, Sergio Gómez había salido del estadio en un vehículo manejado por su chofer, Jesús Manuel Sánchez, e iba acompañado por los promotores Javier Rivera y Víctor Hugo Sánchez.

Al llegar al kilómetros 6 de la carretera Morelia-Salamanca, frente al fraccionamiento Campestre Erandeni, al norte de Morelia, la caravana fue interceptada por seis camionetas, en las que viajaban hombres armados con uniformes de la Policía Federal. De inmediato les ordenaron bajar de sus vehículos para una supuesta revisión.

De acuerdo con la subprocuradora de Morelia, María Elena Cornejo Chávez, todos los músicos fueron liberados minutos después, no así Sergio Gómez y los empresarios Javier Rivera y Víctor Hugo Sánchez, quienes fueron "levantados" en una camioneta que partió con rumbo desconocido.

Horas después, Javier Rivera y Víctor Hugo Sánchez fueron también liberados, pero del vocalista y líder de K-Paz de la Sierra no se volvió a saber nada.

Misteriosamente, el secuestro de Sergio Gómez no sería conocido por las autoridades ministeriales sino hasta un día después, ya que ninguno de los integrantes de K-Paz de la Sierra quiso levantar la denuncia en el momento de la desaparición del cantante; quizá por miedo ante las probables represalias del grupo armado.

No obstante, fueron los propios familiares de Sergio Gómez, sus hermanos Juan y Óscar —integrantes también de K-Paz de la Sierra—, los que iniciaron la búsqueda del intérprete tras su desaparición.

De acuerdo con una nota del corresponsal del periódico *La Prensa*, en Morelia, publicada el 8 de diciembre de 2007, la Policía Federal Preventiva pudo haber rescatado aún con vida a Sergio Gómez si la denuncia por secuestro hubiera procedido a tiempo: "Efectivos de la División Caminos de la Policía Federal Preventiva (PFP) pudieron haber rescatado de las manos de los presuntos sicarios a Sergio Gómez Sánchez, dueño, vocalista y líder del grupo duranguense K-Paz de la Sierra".

Agrega la nota:

Un par de automovilistas que el pasado domingo por la madrugada circulaban sobre la carretera Morelia-Salamanca, y cuyas identidades son reservadas para evitar represalias, aseguraron que Gómez Sánchez fue plagiado por un comando armado junto a varios integrantes de su banda, entre los kilómetros 6 y 10 de la vialidad.

Según los testimonios, los presuntos sicarios, quienes viajaban en diversos vehículos, sometieron a los integrantes de la agrupación con rifles de alto poder.

Mientras el supuesto comando armado se alejaba, los compañeros de Gómez Sánchez exigieron a los tripulantes de la unidad oficial no intervenir, al asegurar que pagarían un "rescate" por su compañero.

Los uniformados federales, aun con la solicitud de los músicos, solicitaron refuerzos a sus compañeros y dieron parte a la agencia en turno del Ministerio Público del fuero común, a quien alertaron sobre el "levantón" de la agrupación.

Fue así como la Policía Ministerial desplegó un operativo y, al arribar al lugar, los agentes de la PFP aseguraron que todo se debió a una falsa alarma, pues el resto del grupo abordó vehículos de los que habían sido obligados a descender por los asesinos de Gómez Sánchez.

El reporte de la Policía Federal de Caminos sobre el aparente "levantón" de una persona desconocida puso finalmente en alerta a las autoridades, aunque el coordinador de la Policía Ministerial, Roberto Fuentes, negó en un principio esta versión: "Lo único que sucedió es que la Policía Federal de Caminos nos pidió apoyo para corroborar un presunto secuestro en la carretera Morelia-Salamanca, pero todo se trató de una falsa alarma".

Félix Ramírez Vargas, representante del grupo K-Paz de la Sierra, aseguró en su primera declaración ministerial que nunca se recibió una llamada telefónica de los secuestradores para exigir algún rescate a cambio de la liberación del cantante. En realidad, dijo, se trató de un secuestro exprés con claras intenciones de matarlo.

Un cuerpo desconocido a las orillas de la carretera

Un día después de la desaparición de Sergio Gómez, el lunes 3 de diciembre, alrededor de las 11:00 horas, pobladores del municipio de Tarímbaro, Michoacán, ubicada a 10 kilómetros al noroeste de Morelia, localizaron en el kilómetro 6 de la carretera Morelia-Chiquimitio el cuerpo sin vida de un hombre de aproximadamente 35 años de edad: "Vecinos que pasaban por el lugar localizaron, entre unos matorrales, a escasos 40 centímetros de la cinta asfáltica, el cadáver de un hombre, situación por la cual dieron parte a las autoridades locales y a los rescatistas, pues en un primer momento se creía que la víctima había sido atropellada y que tal vez aún tendría signos vitales", destaca el informe ministerial. Continúa:

Sin embargo, a la llegada de los paramédicos de Protección Civil, éstos solamente confirmaron el deceso del hombre, el cual, según la primera inspección, y basándose en el *rigor mortis*; llevaba de fallecido entre 20 y 22 horas.

De inmediato los paramédicos pidieron la presencia del agente del Ministerio Público, quien minutos más tarde llegó al lugar y con el auxilio de peritos en criminalística dio fe del levantamiento del cuerpo de quien hasta ese momento se encontraba en calidad de desconocido.

El representante social ordenó el trasladado del cadáver al anfiteatro del Servicio Médico Forense (Semefo), en Morelia, ello alrededor de las 12:30 horas de ayer. Como generales del ahora occiso se dio a conocer era de entre 35 y 38 años de edad y vestía un pantalón color negro, playera azul y zapatos tenis color blanco.

La autopsia del hasta entonces desconocido revelaría resultados impactantes: "El cuerpo presentaba huellas de tortura, golpes en el pecho y abdomen, tenía el rostro inflamado, marcas de estrangulamiento y quemaduras con una sustancia desconocida en piernas y genitales, estos últimos deliberadamente destrozados a golpes".

Identificación: un tatuaje en forma de pantera

El cadáver de aquel sujeto desconocido resultaría ser el de Sergio Gómez, vocalista y líder de K-Paz de la Sierra, secuestrado 24 horas antes, y cuya identidad se lograría luego de que Humberto Durán, su ex compañero, se presentara en el servicio forense tras el aviso de la llegada de un cuerpo con características físicas similares a las del intérprete. La identificación quedaría confirmada gracias a un tatuaje en forma de pantera negra con las garras afiladas, que Sergio Gómez se había realizado en el brazo izquierdo.

Cabe señalar que, aunque algunos medios de comunicación aseguraron que el cuerpo del cantante fue hallado descuartizado, el titular de la PGJE de Michoacán, Juan Antonio Magaña de la Mora, desmintió esta versión: "Se ha recurrido a todas las líneas de investigación para esclarecer estos hechos, no se descarta ninguna hipótesis que pueda interferir en la investigación, pero el cuerpo no estaba cercenado".

¿Amenazas de muerte?

La manera en que ocurrieron los hechos que costaron la vida a Sergio Gómez generó de inmediato toda clase de especulaciones en los medios de comunicación. En Miami, la cadena Univisión difundió una línea de investigación emitida por la PGJE de Michoacán, en la que aseguraba que el cantante había recibido amenazas de muerte días previos al concierto en Morelia, pues aparentemente se había negado a pagar "derecho de piso" al crimen organizado.

A pesar de las supuestas intimidaciones e intentos de soborno, nunca existió una denuncia formal por parte del artista; por el contrario, Sergio Gómez decidió llevar a cabo su presentación con K-Paz de la Sierra en el Estadio José María Morelos, principalmente porque la publicidad, el boletaje y el dinero que había recibido como adelanto ya le hacían imposible cancelar el concierto.

En la página de internet *Las Noticias.com* aparece la transcripción de una entrevista que el representante de K-Paz de la Sierra, también llamado Sergio Gómez, concedió al periodista Carlos Loret de Mola, del noticiero *Primero Noticias*, en la que confirma las amenazas de muerte al cantante.

> El representante dijo que un día antes de la llegada del grupo a Michoacán, el vocalista de la agrupación había sido amenazado de muerte, además le advertían de no ir a la ciudad de Morelia.
>
> Gómez, representante de K-Paz de la Sierra, indicó que en el año 2006 ya habían recibido amenazas similares por lo que cancelaron fechas, pero en esta ocasión [2007] habían decidido asistir reforzando la seguridad sólo durante el concierto.

Esta versión contradice la de Humberto Durán, en ese entonces segunda voz de K-Paz de la Sierra, quien dejó en claro que su fallecido amigo no había tenido intimidaciones previas, pues siempre fue un hombre bueno, accesible y amigable con la gente: "Yo nunca supe que haya recibido alguna amenaza, me lo hubiera dicho porque éramos como hermanos. Lo que sí noté es que desde el viernes estaba muy nervioso, incluso durante el baile —en Tlalnepantla— me abrazó dos veces y me dijo que se sentía satisfecho de lo que había logrado con el grupo K-Paz de la Sierra, y que si se moría mañana lo haría feliz porque había alcanzado sus sueños..." Después del homicidio, Humberto Durán interpretaría estas palabras como una clara alusión de lo que Sergio sabía que le pasaría.

Felicitas García, esposa de Sergio Gómez, agregaría también que el cantante sí presentía su muerte, pues así se lo hizo entender en la última conversación telefónica que tuvieron el jueves 29 de noviembre de 2007, dos días antes de su asesinato:

> La última vez que hablé con él fue el jueves, y me dijo que me cuidara mucho, que cuidara a la familia, que los sacara adelante y que tuviera fuerza para las cosas que podían venir. Él, de cierta manera, sentía que algo iba a pasar, en algún momento no me dijo nada de las amenazas, nunca me dijo nada malo que le pasara, pero en ese momento yo sabía que sentía algo, algo muy malo iba a pasar.
>
> Con respecto a los asesinos, lo único que puedo decir es que son muy crueles, que nos hicieron muchísimo daño a toda la familia y ahora todos estamos deshechos, porque me quedo sola con mis hijos sin poder volver a verlo. Anoche tuve que ir al hospital porque me sentí muy mal, pero será Dios quien juzgue.

Aunque la ejecución de Sergio Gómez tuvo el claro sello del crimen organizado, la investigación señaló más lineamientos en torno a las causas que produjeron su muerte, uno de ellos el del probable "lío de faldas" y el presunto "ajuste de cuentas", a decir de la manera en que sus genitales fueron castigados.

Creador del sonido duranguense

Paulo Sergio Gómez Sánchez nació el sábado 2 de junio de 1973 en Ciudad Hidalgo, una población situada a 102 kilómetros al oriente de Morelia, Michoacán —considerada como una de las principales y más importantes productoras madereras del país—.

En este municipio, el séptimo más poblado de Michoacán, Sergio, tercero de cinco hermanos, conoció la pobreza y las necesidades desde muy pequeño, pues fue parte de una familia que trabajaba largas jornadas a cambio de sólo unos cuantos pesos.

"Era muy alegre, disipado, siempre estaba contento y mostraba un enorme cariño por su familia", recuerda su padre, Baldomero Gómez.

A los seis años empezó a mostrar su gusto por la música, herencia de su ptrogenitor, quien pertenecía a un conjunto de música regional llamado Happy Boys. Más tarde, Baldomero Gómez formaría el grupo Fachoso.

Sergio Gómez contrajo matrimonio muy joven con Felicitas García, con quien viajó a la ciudad de Chicago, Illinois, donde tomó ya en serio la profesión de cantante con la que años después se convertiría en un ídolo de la música regional. Comenzó siendo asistente de sonido del grupo Horóscopos de Durango, posteriormente se incorporó a Montéz de Durango, cuando los hermanos José Luis y Daniel Terrazas le dieron su primera oportunidad para cantar y tocar un instrumento musical.

A finales de 2002, Sergio decidió formar, junto con Simón Valtierrez, José Luis Corral, Óscar Zepeda, Jahir Loredo, Rafael Solís y Armando Rodríguez, un grupo de músicos de ascendencia mexicana, su propia agrupación, a la que llamó K-Paz de la Sierra; una banda regional norteña con la que retomó sonidos de batería, teclados, tambora y saxofón, logrando un estilo que pronto se hizo popular en los Estados Unidos: el "pasito duranguense", un baile que fusionaba ritmos de quebradita y merengue, y que originalmente había surgido en Durango con el grupo Paraíso Tropical Durango. Sin embargo, su mayor difusión la alcanzó con Sergio Gómez y K-Paz de la Sierra. "El estilo duranguense nos ha funcionado muy bien, creo que hemos creado algo diferente que al público le gusta", diría Sergio Gómez.

La primera vez que K-Paz de la Sierra apareció en público fue el sábado 8 de febrero de 2003, y ese mismo año, el martes 24 de junio, lanzaron su primer material discográfico, *Arrasando con fuego*, una producción que incluyó los temas *Con olor a hierba*, *Jambalaya*, *Imposible olvidarte*, *Las tres tumbas*, *Ayer bajé de la sierra*, *El domingo se casa*, *Anillo grabado*, *La Lupe*, *Los ojos de Pancha* y *Rafita Polka*.

Durante un tiempo, y con el apoyo de su compañía disquera, K-Paz de la Sierra se dedicó a distribuir por toda la Unión Americana el sencillo *Con olor a hierba*, hasta que las estaciones de radio en Chicago comenzaron a tocarlo. Así empezaron a darse a conocer.

Al año siguiente grabaron el álbum *Pensando en ti*, en el que vinieron los temas *Volveré (Tornero)*, *La pajarera*, *Mi princesa y tu rey*, *La vecinita*, *Bailando en el rancho*, *Si tú te fueras de mí*, *Amor no me ignores, Vamos a bailar, Aullando los lobos, La daga, Lucio Vásquez* y *La movidita.*

Grupo galardonado con los más importantes premios de la música

"En K-Paz somos de la sierra porque somos gente humilde, de pueblo, y por eso es nuestra identificación con el público", dijo Sergio Gómez durante una entrevista. Con sus dos primeras producciones discográficas, el grupo logró lo que pocos artistas habían conseguido hasta ese momento: imponer récord de ventas simultáneamente en los Estados Unidos y México, superando las 200 mil copias vendidas, lo que les significó su primer Disco de Platino, en 2004.

Ese mismo año, obtuvieron una nominación al prestigiado premio Lo Nuestro, en la categoría de "Grupo revelación", uno de sus primeros grandes logros profesionales, y que apuntaló lo que a partir de 2005 sería para Sergio Gómez y su agrupación una cadena de éxitos y reconocimientos internacionales.

K-Paz de la Sierra fue nominado en 2005 al premio Grammy Latino, por su producción *Pensando en ti*, y de manera consecutiva en 2006 y 2007 obtuvieron el premio Oye en la categoría de "Mejor álbum del año" por sus discos *Más Capaces que nunca y Conquistando corazones.*

El viernes 25 de mayo de 2007 develaron su estrella en el Paseo de la Fama de Las Vegas, una distinción otorgada por las autoridades de aquella ciudad.

Pero la internacionalización definitiva llegaría cuando grabaron los temas "Procuro olvidarte", del compositor Hernaldo Zúñiga, y "Mi credo", esta última de la autoría de Fato (Enrique Guzmán Yáñez), incluida en su álbum de 2005 *Más Capaces que nunca*, pieza que duró 20 semanas en los primeros lugares de popularidad en las listas de Billboard de los Estados Unidos (un año después, en 2006, fueron lanzadas dos nuevas versiones de esta canción en las voces de Tiziano Ferro y Pepe Aguilar).

Mi credo, interpretada por Sergio Gómez, fue incluida en 2006 entre las 12 canciones de la banda sonora de la película *Cansada de besar sapos*, una comedia mexicana protagonizada por Ana Serradilla, Juan Manuel Bernal, Itati Cantoral y Pedro Damián, dirigida por Jorge Colón. Prácticamente desde su lanzamiento, esta canción se convirtió en el himno personal de Sergio Gómez y K-Paz de la Sierra.

El vertiginoso ascenso de Sergio Gómez y el grupo K-Paz de la Sierra pronto los llevaría a pisar los más importantes escenarios internacionales como el Dodger Stadium de Los Ángeles, el Palacio de los Deportes o el Auditorio Nacional, en la Ciudad de México.

La ruptura de K-Paz de la Sierra

A principios del 2007, la relación entre Sergio Gómez y sus compañeros de K-Paz de la Sierra comenzó a fracturarse debido a los desacuerdos derivados de los proyectos personales del cantante.

El domingo 6 de mayo de 2007, Sergio Gómez realizó su última presentación con la alineación original de K-Paz de la Sierra, en un concierto celebrado en Dallas, Texas. Días después, el lunes 28 de mayo, anunció su separación del grupo, aunque aseguró que volvería a formar una nueva banda que retomaría el nombre de K-Paz de la Sierra, que era de su propiedad.

Este anuncio provocó que sus ex compañeros, Armando Rodríguez y Rafael Solís, fundadores de K-Paz de la Sierra, y supuestos socios del vocalista, iniciaran un juicio legal, demandando parte de los derechos de propiedad y explotación del nombre artístico del grupo.

Rafael Solís, segundo teclado de K-Paz de la Sierra, respondió a los cuestionamientos sobre la separación de Sergio Gómez: "Sergio decidió irse, tenía esas ganas de tratar de ser solista, que Dios lo bendiga. Él ya lo venía comentando que era un sueño de él de algún día ser un Marco Antonio Solís, le deseamos la mejor de las suertes. Vamos a seguir chambeando, el grupo sigue con los elementos que quedan de este lado, Sergio y Beto Durán se fueron con él".

Sin embargo, tras varios meses de conflicto y dimes y diretes en los medios de comunicación, ambas partes llegaron a un arreglo: Sergio Gómez se quedaría con los derechos legales del nombre K-Paz de la Sierra, mientras que sus ex compañeros con instrumentos musicales y un autobús. En el acuerdo, Sergio Gómez podría hacer uso de las canciones de K-Paz de la Sierra, siempre y cuando contaran con nuevos arreglos, ya que los originales seguían perteneciendo a sus ex músicos.

Armando Rodríguez, otro de los músicos de K-Paz, así lo confirmó: "Sergio se queda con el nombre de K-Paz, nosotros hacemos otro concepto, ahora vendrá otro nombre, toda la gente del equipo se queda con nosotros. La misma disquera nos dijo que el que se quedara con el nombre de K-Paz iba a cumplir los cuatro años que quedan de contrato y no nos queda más que agradecer que nos va a dar la carta de retiro a mí y a Rafa" (www. orizabaenred.com.mx).

A mediados de 2007, Sergio Gómez y la nueva agrupación K-Paz de la Sierra, ahora conformada por los músicos Humberto Durán, José Luis Guadarrama, Luis Javier Díaz, Luis García, Fernando del Valle, Miguel Rocha Jr. y Jahir Loredo, grabaron el disco *Capaz de todo por ti*, y realizaron en de septiembre dos conciertos en el Auditorio Nacional.

Al mismo tiempo, sus siete ex músicos: Rafael Solís, Carmelo Gamboa, Luis Vidales, Óscar Ledesma, Alfredo Hernández, Armando Rodríguez y Gerardo Ramírez, crearon el concepto duranguense AK-7 (que significa antes "A" de K-Paz "K", "7" integrantes), con el que el 31 de agosto de 2007 realizaron su primera presentación en un baile masivo en Los Remedios, Naucalpan.

Sin embargo, apenas semanas después se avivó de nueva cuenta el conflicto entre los integrantes de AK-7 y Sergio Gómez, cuando el líder de K-Paz de la Sierra fue acusado de no respetar el acuerdo de propiedad intelectual sobre la utilización de los arreglos musicales originales de las canciones.

Una nota firmada por *LaOreja.tv* (www.esmas.com/laoreja/636894.html), detalló este hecho:

El grupo AK-7 podría entablar demanda penal contra la agrupación K-Paz de la Sierra, específicamente en contra de Sergio Gómez y Humberto Durán, por utilizar los arreglos musicales de sus anteriores integrantes.

En entrevista con la agencia Notimex, el representante de AK-7, Daniel González, señaló que el acuerdo al que llegaron con el vocalista Sergio Gómez fue para que éste se quedara con el nombre K-Paz de la Sierra y utilizar todas las canciones hasta antes que se dividiera el grupo.

Es decir, no hay problema si Sergio Gómez y Humberto Durán con sus nuevos músicos tocan las canciones de K-Paz de la Sierra con sus propios arreglos con música viva, mas no así lo que están haciendo en estos momentos de promocionarse en programas de televisión.

Señaló que:

la agrupación se presentó en programas como *Muévete* y *En familia con Chabelo*, donde han utilizado el *playback* de los arreglos musicales de los que ahora conforman el grupo AK-7.

Daniel González señaló que ha recibido cientos de llamadas de seguidores de lo que fuera K-Paz de la Sierra, en las que se quejan de que Sergio Gómez y Humberto Durán engañan al público al utilizar arreglos de la anterior agrupación, cuando deberían de hacer sus propios arreglos.

Puntualizó que otra cosa sería que Sergio Gómez pusiera a tocar verdaderamente a sus nuevos integrantes:

La idea es que no utilice para su promoción los arreglos de nuestros músicos y que empiece a hacer los suyos, porque hasta el momento estos dos ex compañeros sólo han sacado un tema nuevo.

Incluso, González Díaz mencionó que en un concierto que ofrecieron el pasado viernes, algunos seguidores se percataron que los músicos de Sergio no tocaban en vivo.

González Díaz destacó que para esa demanda primero hablará con el abogado de AK-7, Enrique Díaz Mucharraz, para que manifieste al abogado de K-Paz de la Sierra, Manrique Moheno, para que dejen de promocionarse con los arreglos musicales, pero sobre todo para que dejen de engañar al público.

El viernes 7 de diciembre de 2007, cinco días después del crimen de Sergio Gómez, AK-7 rendiría un homenaje a su fallecido ex líder y compañero, pidiendo un minuto de silencio en su memoria durante una presentación que el grupo tuvo en el Rodeo Santa Fe.

Fue una pérdida importante —dijo Gerardo Ramírez, tecladista y arreglista de AK-7—, porque convivimos en un proyecto tan grande, que hasta ahora viene a dar resultados con la nominación al Grammy americano, con él [Sergio] logramos éxitos increíbles, discos de oro, altas ventas y llenos totales. Saber que te lo quitaron de repente, sin un por qué, es difícil y aún no lo podemos creer ni asimilar.

Sergio fue muy aferrado, tenía una forma de ser muy tenaz y gracias a ello nosotros aprendimos que hay que tener una disciplina no sólo con el trabajo sino también con los mánagers, los técnicos y todo el *staff*, se lograron cosas tan grandes como el actuar en el Estadio Azteca o la Plaza de Toros México. [**La Prensa**, 8 de diciembre de 2007.]

Último proyecto musical y un funeral de varios días

El lunes 3 de diciembre de 2007, Sergio Gómez y K-Paz de la Sierra iban a presentar a los medios de comunicación la que era su nueva producción discográfica, *Capaz de todo por ti*, en una conferencia de prensa que se tenía programada en la Ciudad de México.

La reunión informativa sería cancelada, pues la noticia que pondría el nombre de Sergio Gómez en los titulares fue otra, el hallazgo de su cadáver torturado, asesinado y abandonado a un costado de la carretera Morelia-Salamanca.

Por la saña con que se cometió el crimen de Sergio Gómez, la noticia de su muerte cimbró al ambiente grupero que apenas un año antes se había conmocionado con otro asesinato: el de Valentín Elizalde, acribillado cuando salía de una presentación en el palenque de Reynosa, Tamaulipas.

El cuerpo de Sergio Gómez fue trasladado al Semefo de Morelia, donde se le realizó la necropsia. Durante la noche del lunes 3 de diciembre, sus restos fueron entregados a sus familiares para su traslado a Ciudad Hidalgo, su tierra natal, donde fue velado en una casa propiedad de sus tíos.

Un día después, el féretro de madera de color cobrizo con los restos de Sergio partió a la Ciudad de México, donde fue colocado en una capilla de la agencia Gayosso, en la avenida Félix Cuevas. Las crónicas periodísticas así dieron seguimiento al funeral:

La llegada del cuerpo a la Ciudad de México del cantante de K-Paz de la Sierra, Sergio Gómez, provocó un caos total entre los medios de comunicación que se peleaban por cubrir el suceso y cerca de 500 seguidores del cantante que buscaban acercarse a él.

Los que venían con Gómez y sus allegados formaron una valla, obligando a los fotógrafos y camarógrafos a replegarse hacia los lados, pero como no todos entendieron, tuvieron que aventar a mucha gente y subieron casi corriendo las escaleras y rápidamente caminaron por el pasillo.

Llevaron el ataúd a la capilla 1-A, y en el transcurso por los aventones de la gente, rompieron un cuadro de cristal y varios vasos, lo que provocó la molestia del abogado del grupo y del fallecido cantante, Manrique Moheno.

Inmediatamente, el personal del lugar, que en todo momento estuvo desorganizado, cerró las puertas de la capilla y no le permitió el paso a ninguno de los aproximadamente 100 representantes de los medios de comunicación. [*LaOreja.tv*.]

Durante diez días, el cuerpo de Sergio Gómez vivió un peregrinar por varias ciudades en las que recibió diversos homenajes. El martes 4 de diciembre fue trasladado a la Catedral Metropolitana de la Ciudad de México, donde recibió una misa solemne, y posteriormente fue llevado a Indianápolis —lugar en el que residía— para recibir una homilía en la iglesia de Santa María.

Frente al altar se colocaron varias fotografías y un coro entonó música sacra. "Dios no nos juzga por la fama o el dinero obtenido en vida, sino por los actos de amor, y Sergio practicó la caridad, incluso ayudó a la gente de Tabasco afectada por las inundaciones con donación de víveres y ayuda", dijo el sacerdote Juan José Valdés.

La mañana del jueves 13 de diciembre, luego de 10 días de funerales, Sergio Gómez fue sepultado en el cementerio West Ridge Park, al oeste de Indianápolis.

El grupero, la muerte de un cantante

Calificado por muchos como oportunista, a principios de 2008 el cineasta Francisco Joel Mendoza anunció el rodaje de la película

El grupero, la muerte de un cantante, una cinta que pretendía ser un homenaje al fallecido Sergio Gómez, pero que terminó convirtiéndose en una historia llena de contradicciones y polémicas.

Producida por el Centro Mexicano de Cine Independiente y la compañía Prodisc, bajo el estilo del nuevo cine popular, esta cinta de 35 milímetros comenzó su rodaje el jueves 28 de febrero de 2008 en locaciones del Estado de México, Las Vegas, Atlanta, Chicago y Los Ángeles.

Protagonizada por el actor Antonio Palmero, quien dio vida al líder de K-Paz de la Sierra, la cinta biográfica "novelizada" ofreció un marco histórico desde el punto de vista personal de su realizador:

"No habrá morbo ni tocará temas controversiales, contaré mi versión de ficción, porque no soy quién para decir cómo se cometió el asesinato ni nada por el estilo; es más para recordar al cantante como el 'Astro duranguense' que fue, lo malo se queda afuera", expresó el director Joel Mendoza en una entrevista publicada (www.lasnoticiasmexico.com/115366.html): "Joel Mendoza enfatizó que su historia es realmente ficción, pero la familia de Sergio Gómez no está incluida, aunque eso no descarta el manejo de cómo murió el creador de éxitos como *Mi credo* y *Pero te vas a arrepentir*".

El cineasta refirió que llamó a la familia para poder utilizar imágenes inéditas de la vida de Gómez, asesinado en Michoacán. "Todavía pude hablar con él en la ciudad de Las Vegas, unos días antes de su muerte. Estábamos por cerrar las conversaciones, él ya había visto el guión y le encantó; el filme estaría basado en la canción *Volveré*", añadió.

No obstante, la familia de Sergio Gómez entraría en conflicto con el realizador, a quien exigió derechos de autor.

Antes que nada era el dinero, yo pensé que querían un homenaje para su hijo, porque hasta el grupo K-Paz de la Sierra dijo que no les había llegado al precio, me pidieron medio millón de pesos para actuar en la película.

Y como no les puedo pagar esa cantidad —agregó— será otro grupo el que acompañe a Sergio, además de que no se cuenta la vida de la agrupación, sino del vocalista, donde el público escuchará canciones como *Mi credo* y *Volveré*, entre otras.

Joel Mendoza aseguró que *El grupero, la muerte de un cantante* es un proyecto realizado con mucho respeto para todos los seres queridos de Sergio Gómez, "especialmente para toda su familia, esposa, hijos y para los integrantes de las agrupación K-Paz de la Sierra, es un trabajo con mucho cariño".

Pero tras su estreno, el jueves 28 de agosto de 2008, la película sugirió ficticiamente una nueva hipótesis sobre el asesinato del cantante: que su esposa —en el filme— había contratado a varios sicarios para cometer el crimen.

Conflicto por los derechos legalesdel grupo K-Paz de la Sierra

Sergio Gómez fue un hombre visionario y previsor, y de la misma manera en que profesionalmente planeaba proyectos a futuro, en lo personal, y quizá inducido por las supuestas amenazas de muerte, decidió poner todas sus cosas en regla. Manrique Moheno, abogado del cantante, confirmaría después que Sergio Gómez había dejado un testamento en el que nombraba como heredera de su patrimonio a su esposa Felicitas García, aun cuando tres meses antes ya se hallaban sentimentalmente separados.

Pero los conflictos y las pugnas familiares por la herencia de Sergio Gómez no tardarían en surgir tras su muerte, principalmente entre Felicitas García y Juan Gómez, hermano del desaparecido vocalista.

La historia comenzó el martes 29 de enero de 2008, sólo un mes después de la muerte de Sergio, cuando Felicitas García autorizó a Juan Gómez tomar la dirección de K-Paz de la Sierra y regresar a la escena musical.

Pero en agosto de 2011, Felicitas interpondría ante un juzgado una demanda en contra de Juan Gómez, por malos manejos y malversación de las regalías producidas por los discos del grupo.

Una nota aparecida en la dirección web *Los Espectaculos.tv* (www.losespectaculos.tv/blog1/2011/08/06/felicitas-garcia-demanda-a-juan-gomez-de-k-paz-de-la-sierra-por-malos-manejos/) da fe de este caso:

La viuda de Gómez, Felicitas, realizó una demanda en contra de K-Paz, pues asegura que Juan Gómez, hermano del occiso, hace malos manejos con el nombre, las regalías y las ganancias que se generan, dinero del que ella asegura que no ha visto ni un solo peso.

División, desintegración, separación, son algunas de las palabras que han acompañado los titulares sobre K-Paz de la Sierra en la última semana. Rivalidades y una disputa entre familiares sacuden a la banda duranguense. Se trata del último capítulo en la historia de un grupo que ha disfrutado del éxito, pero también ha sufrido el asesinato y escisiones en el pasado.

Juan Gómez sostiene que tiene derecho a 50% de la banda que se formó en diciembre de 2002. Además, [Miguel] Galindo, quien entró como vocalista principal en enero de 2008, afirma que le deben honorarios y dinero que desembolsó para financiar las actividades del grupo.

Aunque la discordia interna se hizo pública esta semana, los roces familiares, de acuerdo con músicos de la agrupación, venían desde la muerte de Sergio Gómez, quien fue secuestrado y ejecutado en México.

Juan Gómez afirmó en una entrevista con la cadena Univisión, que peleará por el grupo K-Paz de la Sierra, pues tiene "un compromiso moral" con su hermano. "Yo soy el que tengo la administración del grupo por un papel legal", afirmó.

En febrero de 2010, Felicitas García solicitó la propiedad intelectual del nombre K-Paz de la Sierra, pero el Instituto Mexicano de la Propiedad Industrial se la negó. Sin embargo, la viuda publicó en la página de Facebook de K-Paz un documento en el que afirma "tener el control total de la agrupación".

Juan Gómez respondió a las acusaciones, presentando una constancia de Reserva de Derechos, expedida el 20 de septiembre de 2011 por el Instituto Nacional del Derecho de Autor, con la cual asegura que él es el único dueño de los derechos de K-Paz de la Sierra. En la constancia se lee:

Anotación Marginal por Transmisión de Derechos
    Titulo: K-Paz de la Sierra
    Género: Actividades artísticas

Especie: Grupo artístico.

Titular: Juan Manuel Gómez Sánchez 100%

Fecha de Exp.: 6/XI/2004

Domicilio: Triunfo 21, Ticomán. Gustavo A. Madero. C.P. 07330 Distrito Federal.

Los datos contenidos en la presente constancia han quedado debidamente asentados en el expediente respectivo, para los efectos legales a que haya lugar.

México, D.F. [martes] 20 de septiembre de 2011

Rogelio Rivera Lizárraga, Director del Instituto Nacional del Derecho de Autor.

Junto con este documento, Juan Gómez envió un boletín a los medios de comunicación en el que aclara su situación y su derecho:

A quien corresponda:

En atención a las múltiples declaraciones emitidas, entre otras personas, por la señora Felicitas García Viuda de Gómez, en relación al derecho sobre el uso de la denominación "K-PAZ DE LA SIERRA", me permito hacer de su conocimiento que: 1. El día 30 de agosto de 2011 el Instituto Nacional del Derecho de Autor, otorgó a favor del suscrito la Transmisión de Derechos sobre la Obra "K-PAZ DE LA SIERRA".

2. El día 20 de septiembre de 2011 el Instituto Nacional del Derecho de Autor, otorgó a favor del suscrito la Anotación Marginal por Transmisión de Derechos sobre la Reserva de Derechos al Uso Exclusivo de la denominación "K-PAZ DE LA SIERRA".

3. El día 18 de octubre de 2011 el Instituto Mexicano de la Propiedad Industrial otorgó la cesión de derechos sobre los siguientes registros marcados: a) Certificado de Reserva al Uso Exclusivo No. 04-2004- 110514481900-402, del nombre del Grupo Artístico "K-PAZ DE LA SIERRA", expedido por el Instituto Nacional del Derecho de Autor.

b) Título de Registro de Marca número 865254 para la denominación "K-PAZ DE LA SIERRA" y diseño, en la clase 41 de la Clasificación Internacional de Niza, expedido por el Instituto Mexicano de la Propiedad Industrial.

c) Título de Registro de Marca número 866478 para la denominación "K-PAZ DE LA SIERRA" y diseño, en la clase 09 de la Clasificación Internacional de Niza, expedido por el Instituto Mexicano de la Propiedad Industrial.

d) Título de Registro de Marca número 1045183 para la denominación "K-PAZ DE LA SIERRA" y diseño, en la clase 16 de la Clasificación Internacional de Niza, expedido por el Instituto Mexicano de la Propiedad Industrial.

e) Título de Registro de Marca número 1047857 para la denominación "K-PAZ DE LA SIERRA", en la clase 25 de la Clasificación Internacional de Niza, expedido por el Instituto Mexicano de la Propiedad Industrial.

f) Título de Registro del Aviso Comercial número 36922 para la denominación "MÁS CAPACES QUE NUNCA", en la clase 09 de la Clasificación Internacional de Niza, expedido por el Instituto Mexicano de la Propiedad Industrial.

4. Por lo antes expuesto y para terminar con la serie de comentarios y acciones mal intencionados perpetrados en contra del suscrito y del señor Miguel Galindo, con pruebas fehacientes demuestro que la Ley me protege por ser el ÚNICO titular de los derechos antes referidos, lo anterior en virtud de que el señor Sergio Gómez Sánchez, mi hermano, antes de su muerte cedió al suscrito los derechos a que se refieren tanto la cesión de reserva como los registros mencionados en los puntos que anteceden.

5. Que el suscrito no había ejercitado ninguna acción para dar a conocer al público en general que soy EL ÚNICO TITULAR de los derechos aludidos puesto que era parte integrante del grupo musical que utilizaba la mencionada denominación, sin embargo y en consecuencia de mi reciente separación de dicho grupo es por lo que ahora hago valer lo que a mi derecho corresponde. En virtud de lo anteriormente expuesto, y en atención a que la señora Felicitas García Viuda de Gómez ilegalmente se ostenta como titular de los derechos mencionados, conmino a los empresarios a desistir de contratar al grupo musical que se hace llamar K-PAZ DE LA SIERRA, ilegítimamente autorizado por ella y/o cualquiera de sus representantes.

Atentamente
JUAN GÓMEZ SÁNCHEZ

El asesino de Sergio Gómez

El domingo 26 de junio de 2011, casi cuatro años después del crimen de Sergio Gómez, la Procuraduría General de la República dio a conocer al presunto asesino del cantante. De acuerdo con su expediente, dos pistoleros que en ese entonces pertenecían a la organización criminal de La Familia Michoacana, declararon ante la SIEDO que quien mató al cantante y líder de K-Paz de la Sierra fue Arnoldo Rueda Medina, alias *la Minsa*, operador de esta célula, y quien fue detenido por elementos de la policía federal el lunes 11 de julio de 2009.

La carrera delictiva de *la Minsa* comenzó en el año 2000 robando autos; en 2004 se convirtió en jefe de sicarios y encargado de eliminar a los enemigos de Los Valencia, organización delictiva adherida al cártel de Sinaloa. *La Minsa* ubicaba a grupos rivales y encabezaba a sicarios para acribillarlos.

En 2009, gracias a su relación con los capos José de Jesús Méndez Vargas, alias *el Chango*; Carlos Rosales Mendoza, alias *el Tísico*, y Nazario Moreno González, alias *el Chayo*, *el Dulce*, *el Doctor* o *el Más Loco*, este último principal líder y uno de los fundadores de la organización criminal de La Familia Michoacana (comenzó a operar en el año 2000, dedicándose a la extorsión, el secuestro, el cobro de piso y el tráfico de drogas), conformó un grupo denominado La Empresa, cuya misión era eliminar a Los Valencia, grupo delictivo que entonces dominaba el trasiego de droga de la mayor parte de Michoacán.

El Chayo fue quien reclutó a Arnoldo Rueda Medina, *la Minsa*, y lo asignó a la coordinación e introducción clandestina de drogas sintéticas a los Estados Unidos. Por órdenes directas del *Chayo*, abatido el viernes 9 de diciembre de 2010 por fuerzas federales en un enfrentamiento en Apatzingán, Michoacán, *La Minsa* realizó la ejecución de Sergio Gómez, tras haberse negado a pagar un soborno.

Check Out Receipt

Marcy Library
951-826-2078
www.riversideca.gov/library

Friday, September 16, 2022 5:19:22
PM
43675

Item: 0000142912500
Title: Que me entierren con
narcocorridos : las historias de los
gruperos asesinados
Call no.: SP 363.4509 PER 2012
Due: 09/30/2022

Total items: 1

Access your library account for
additional information. Thank you for
using Library-to-Go. Items without
holds will automatically be renewed
You have saved $211.38 this past year
and $3,152.68 since you began using
the library!

Thank You!

Descubierto por niños que jugaban cerca de un río

> No tengo conocimiento de ninguna amenaza,
> creo que su crimen se debe a la inseguridad que existe en el país.
> **Julio Efrén Aquino Hernández**, padre de José Luis Aquino,
> trompetista de Los Conde, *LaOreja.tv*, 5 de diciembre de 2007.

Era abogado de profesión, pero ya tenía más de 10 años de alternar su oficio con otro que también lo apasionaba: la música. José Luis Aquino Lavariega era conocido como un hombre bueno y trabajador, un padre responsable y cariñoso, pero sobre todo un excelente músico que no tenía problemas con nadie.

A los 23 años de edad inició su carrera como trompetista de Los Conde, una agrupación que mezclaba sonidos surgidos de trompetas y saxofones con sintetizadores e instrumentos de percusión, con los que lograron ser uno de los conjuntos más influyentes y populares de la región oaxaqueña.

José Luis Aquino Lavariega recién había comprado una casa en la comunidad de Viguera, aunque aún no la estrenaba. Tenía planes de abrir un estudio de grabación en Puerto Escondido, y esperaba que con este negocio se asegurara su futuro económico y el de su familia.

Con Los Conde, José Luis Aquino estaba concretando muchos de sus sueños; su trompeta se había convertido en el alma, brillo y armonía de cada una de las melodías que conformaban el repertorio musical de esta espectacular agrupación regional. Temas como *Oro*, *Espumita del río*, *Hipocresía*, *El año viejo*, *Regalo de Reyes* y *Cariño*, conformaron parte de los éxitos que integraron los ocho discos que hasta entonces habían grabado.

El martes 20 de diciembre de 2007, José Luis presentaría con Los Conde el que sería su noveno material... Pero justo en ese mismo mes, otra fue la noticia que acaparó la atención de los medios de comunicación.

2 de diciembre de 2007

José Luis Aquino Lavariega, de 33 años de edad y padre de dos hijos, había sido visto por última vez al salir de su domicilio ubicado en la Villa de Etla, a bordo de su automóvil Dodge Caliber último modelo, con rumbo desconocido.

Aparentemente, y de acuerdo con una línea de investigación de la Procuraduría General de Justicia del Estado de Oaxaca, acudiría a buscar a unas personas que desde hacía varias semanas se negaban a pagarle un dinero. Durante los siguientes tres días, la familia no volvió a saber nada del músico.

Alrededor de las 13:30 del lunes 5 de diciembre, un grupo de niños que jugaba en el río Sapo, ubicado en la tercera sección de la comunidad San Pablo Etla, descubrieron accidentalmente que debajo de un puente sobresalían los pies de un hombre, cuyo cuerpo se hallaba sumergido en el agua y se apreciaba envuelto en una cortina.

El macabro hallazgo hizo que los vecinos de la zona dieran aviso de inmediato a las autoridades ministeriales, quienes llegaron para dar fe y levantar el cadáver, el cual presentaba huellas de tortura; estaba atado de pies y manos con un cable de corriente eléctrica, y presentaba heridas de golpes contusos en la cabeza, que había sido cubierta con una bolsa de plástico y una funda de almohada para asfixiarlo.

No portaba zapatos y vestía un pantalón gris, camisa negra, calcetines negros, y tampoco traía ropa interior.

De acuerdo con peritos de la procuraduría, el occiso tenía por lo menos 24 horas de haber fallecido, por lo que fue trasladado en calidad de desconocido al anfiteatro de la comunidad de Villa de Etla, donde permaneció cerca de 24 horas.

Identifican a José Luis Aquino

Al mediodía del miércoles 5 de diciembre de 2007, Julio Efrén Aquino Hernández, padre del músico José Luis Aquino, llegó hasta las instalaciones del anfiteatro para solicitar le permitieran ver el cadáver del sujeto desconocido, ya que en la difusión que dieron los medios de comunicación del hallazgo del cuerpo, había notado características físicas que coincidían con las de su desaparecido hijo.

Efectivamente, se trataba de José Luis Aquino Lavariega, trompetista de Los Conde...

Por la forma en que fue asesinado, el agente del Ministerio Público señaló que pudo tratarse de un "ajuste de cuentas", aunque el padre del músico descartó esa probabilidad: "No tengo conocimiento de ninguna amenaza, creo que su crimen se debe a la inseguridad que existe en el país", dijo al programa de televisión *La Oreja*.

Los restos de José Luis Aquino fueron trasladados a su domicilio, ubicado en el número 124 de la calle Puerto Ceiba, en la colonia Eliseo Jiménez Ruiz, en Oaxaca, donde fueron velados en medio del son festivo de la tierra caliente.

Con una trompeta sobre su féretro color gris, flores, fotografías y música, los restos de quien tenía un futuro prometedor en el ámbito musical fueron trasladados la mañana del miércoles 7 de diciembre a su última morada, en el cementerio Santa Cruz Xoxocotlán, en Oaxaca.

CASO: JORGE ANTONIO SEPÚLVEDA ARMENTA,
EL KOQUILLO DE SINALOA

Doce tiros recibió
y lo dejaron entre la maleza

Dijeron que tenía vínculos familiares con el desaparecido Valentín Elizalde, y que por eso lo habían ejecutado; pero doña Camila Valencia, madre del *Gallo de Oro*, lo desmintió porque no tenían parentesco.

Estaba casado con Gardenia Marlene Rincón, hermana de Azucena Rincón, ex esposa de Valentín Elizalde, pero para entonces *el Gallo de Oro* ya tenía mucho tiempo de haberse separado.

Jorge Antonio Sepúlveda Armenta nació en 1988, y artísticamente era conocido como *el Koquillo de Sinaloa*. Musicalmente se caracterizaba por interpretar corridos norteños, y en 2008 tenía planeado grabar su segundo disco, con el que esperaba afianzarse en el gusto del público.

Estaba por convertirse en padre por segunda vez, y su esposa, con dos meses de embarazo, aún no le daba la noticia. Pero *el Koquillo de Sinaloa* ya no tuvo tiempo de recibir esa sorpresa.

14 de enero de 2008

Alrededor de las 23:00 horas, policías municipales de Guasave, Sinaloa, acudieron al entronque de la carretera México 15-Nogales, que une al viejo camino que va al poblado de El Burrión, para atender el reporte de una serie de detonaciones de arma de fuego.

Al llegar al lugar, fue localizado un sujeto de nombre Óscar Raúl Sepúlveda Armenta, herido de tres impactos de bala en el vientre. Fue trasladado al Hospital General de Guasave, donde se confirmó que se trataba del hermano del cantante Jorge Antonio Sepúlveda, conocido en el ambiente grupero como *el Koquillo de Sinaloa*.

Una hora más tarde, y debido a la oscuridad de la noche, elementos de seguridad municipal localizaron cerca del lugar del atentado un automóvil compacto totalmente calcinado y 23 casquillos de armas de diversos calibres: siete de .9 milímetros y 16 de fusil AR-15, y entre la maleza el cadáver de otro ejecutado de 12 disparos, que resultó ser Jorge Antonio Sepúlveda Armenta.

Horas más tarde, en una rápida acción de la policía municipal, se logró la detención de tres de los presuntos sicarios: Raúl Roberto Sepúlveda Martínez, Gabriel Arellano Sánchez y Manuel Castro Gutiérrez, quienes fueron trasladados a las instalaciones de la procuraduría del estado.

De acuerdo con la averiguación previa 08/2008, una de las hipótesis del crimen señaló que aparentemente existió una riña entre el cantante y su hermano con los tres detenidos.

CASO: MARCOS ABDALÁ, MÁNAGER
DEL CANTANTE JULIO PRECIADO

De todas formas lo mataron

Me lo secuestraron, lo levantaron supuestamente agentes federales,
se pagó un rescate, pero de todas formas lo mataron...
Julio Preciado, cantante, 25 de enero de 2008,
programa *La Oreja*, Televisa.

Marco Antonio Abdalá Soto tenía 53 años de edad, y además de arreglista musical, se había convertido en uno de los promotores más importantes de los bailes gruperos de Mazatlán, Sinaloa.

Tenía tres años de trabajar con Julio Preciado y otro tanto con La Banda El Recodo, pero antes lo había hecho también con Valentín Elizalde y José Ángel Ledezma, *el Coyote.*

Estaba casado, y su futuro profesional vislumbraba numerosos proyectos. Todos quedaron truncados...

25 de enero de 2008

Cerca de las 15:30 horas, Marcos Abdalá se dirigía en su camioneta Ford Lobo, modelo 2007, color negro, a sus oficinas ubicadas en el Lienzo Charro del puerto de Mazatlán.

Al transitar por la calle Vicente Suárez, un vehículo Jeep modelo Liberty, color azul, con placas VJS 6235 de Sinaloa, en el que viajaban cinco hombres portando uniformes de la Policía Federal Preventiva, le marcó el alto.

De inmediato, el promotor artístico fue "levantado" y trasladado en el automóvil de los supuestos agentes federales —que en realidad eran secuestradores— hasta un domicilio ubicado en el fraccionamiento Infonavit Jabalíes, donde lo mantuvieron cautivo por espacio de una hora, mientras uno de los delincuentes entablaba comunicación telefónicacon la familia del empresario para exigir el pago de 600 mil pesos por su liberación.

Obligado por uno de los secuestradores, de nombre Luis César Ramírez Córdoba, Marcos Abdalá habló con su esposa, la tranquilizó diciéndole que se encontraba bien, que pagara el rescate y confiara en que, si todo salía como los secuestradores lo ordenaban, pronto estaría de regreso en casa.

Una hora más tarde, otro de los plagiarios, Rubén Córdoba Torres, acudió a bordo de un taxi hasta el propio domicilio de Marcos Abdalá en el fraccionamiento Lomas de Mazatlán, para cobrar personalmente el rescate.

Con el botín en las manos, el hasta entonces desconocido secuestrador se comunicó telefónicamente con el resto de los integrantes de la banda para informarles que todo había salido conforme a lo planeado. En ese momento, uno de los captores decidió asesinar al promotor artístico de dos balazos en la cabeza y uno más en el pecho, a pesar de que ya se había pagado su rescate.

Marcos Abdalá murió instantáneamente, luego su cuerpo fue trasladado hasta un camino de terracería en el fraccionamiento La Marina Cerritos (Juárez), que comunica a la zona denominada La Piedrera de El Venadillo, cerca del fraccionamiento Mediterráneo, donde lo dejaron abandonado.

Horas más tarde, tras el hallazgo del cadáver por parte de las autoridades policiacas, el cantante Julio Preciado se comunicó telefónicamente al programa de televisión *La Oreja*, donde externó su sentir por la muerte de quien había sido su productor y mánager:

> Marcos Abdalá fue mi representante por casi tres años, tuvimos una relación muy fuerte, y ahora él es parte de la violencia que se vive en el país.
>
> Me lo secuestraron, lo levantaron supuestamente agentes federales, se pagó un rescate, pero de todas formas lo mataron.
>
> Era una persona muy ligada a mí, un empresario muy trabajador, organizaba las presentaciones de El Recodo.

Julio Preciado aseguró durante la entrevista que, ante los constantes asesinatos de cantantes gruperos, reforzó su seguridad, pero negó en esa llamada telefónica que la muerte de Abdalá haya estado relacionada con la ola de violencia en Mazatlán: "Esto está muy claro, fue un secuestro y luego lo mataron".

Detienen a los criminales

Horas después del asesinato del promotor musical, elementos de la policía ministerial montaron un operativo de rastreo, y apoyados con el sistema de localización satelital durante la madrugada del sábado 26 de enero, la camioneta de Marcos Abdalá fue ubicada circulando por la avenida Juan Pablo II. En ella viajaban dos hombres.

De inmediato se logró la detención de Luis César Ramírez Medina y/o Julio César Ramírez Córdoba, *el Ciego*, de 18 años de edad, y de Jesús Eduardo Bernal Ulloa, *el Bernal*, de 17 años.

Al revisar el vehículo, se confirmó que pertenecía a Marcos Abdalá, ya que en su interior se localizó el teléfono celular de la víctima, objetos personales y una sandalia marca Airway color beige, del pie izquierdo, cuyo par se había encontrado a un costado del cuerpo del empresario asesinado.

A los delincuentes se les aseguró una pistola calibre .9 milímetros con las mismas características del arma utilizada en el homicidio.

Una semana después, con la información proporcionada por los detenidos, la Unidad Especializada Antisecuestros de la Procuraduría de Justicia Estatal (UEA) logró la aprehensión de los otros dos secuestradores: Rubén Córdoba Torres, de 26 años, con domicilio en la colonia Olímpica, y Salvador Martínez Hernández, *el Chavi*, de 23 años, con residencia en la colonia Benito Juárez; el primero señalado como el sujeto que cobró el rescate, y el segundo como el que mantuvo vigilancia sobre el domicilio de la víctima para observar cualquier presencia policiaca.

Tras su detención, elementos de investigación lograron recuperar 581 mil 220 pesos de los 600 mil que la familia Abdalá había pagado por el rescate.

De acuerdo con la nota publicada en el diario *El Sol de Mazatlán* (el domingo 27 de enero de 2008), los secuestradores del empresario no pertenecían al crimen organizado, eran muchachos "comunes y corrientes", pues todos se dedicaban a actividades honorables.

Señala el diario que Luis César Ramírez estudiaba para nutriólogo, José Eduardo Bernal Ulloa se desempeñaba como empleado de un negocio de carnes asadas, Rubén Córdoba Torres era pintor, y Salvador Martínez era empleado particular. Este último obtendría siete mil pesos por participar en el secuestro.

Destaca el reportaje que, al ver la oportunidad de obtener dinero fácil, y tras suponer que el empresario era un hombre acaudalado, decidieron secuestrarlo, aunque al final fueron presas del miedo, por lo que prefirieron matarlo.

Las confesiones

En datos de la averiguación previa MAZT7SEC/01/08/AP constan las declaraciones de los cuatro implicados en el asesinato de Marcos Abdalá. Éstas fueron recogidas por el diario *El Sol de Mazatlán*, en su edición del domingo 27 de enero de 2008:

> Luis César Ramírez: "Por problemas personales lo maté, seguido me mandaba gente, que me dijera que me matarían, cuando iba a los bailes le caía gordo, pensé que me iba a hacer algo. Le pedí dinero para poder irme de aquí".
>
> Rubén Córdova Torres: "Yo participé en levantar al señor y cobré el dinero, yo fui a la casa, no sabía que se trataba de un secuestro, sólo lo recogí".
>
> Jesús Eduardo Bernal: "Yo nada más manejé el carro mío, me invitó César, lo planeamos de repente, me dijo que le hiciera un paro nomás así. ¿De quién es la chamarra?, es de un primo de César que se la regaló. Yo no lo conocía, sabía de él porque me hablaban de él, pensé que le quería hacer daño a César".
>
> Salvador Martínez Hernández: "Yo nada más fui a vigilar la casa del señor, no me dijeron cuánto me iban a pagar, no sabía que era un secuestro, César me pidió el favor y por ser su amigo accedí. A mí me dejaron en Lomas, hicieron tiempo y a los 45 minutos regresaron".

Un funcionario de la agencia antisecuestros señaló sobre estas declaraciones: "Ellos están manifestando que sí [participaron en el crimen], que al parecer es una rencilla personal antigua —presuntamente con Luis César Ramírez—, unas amenazas por ahí de la persona que murió y se la cobraron".

El miércoles 10 de septiembre de 2008, casi ocho meses después del crimen de Marcos Abdalá, y tras burlar a las autoridades con diferentes nombres con los que incluso logró un empleo en una fábrica de calcomanías en Tijuana, Baja California, José Ángel Aguilar Medina, *el Johnatan*, de 27 años, identificado como el quinto secuestrador, fue capturado por la UEA cuando se disponía a abordar un camión en la Central de Autobuses de Mazatlán.

De acuerdo con la investigación, *el Johnatan* proporcionó a sus cómplices las armas con que fue privado de la libertad y asesinado el promotor Marco Antonio Abdalá Soto. "Se encuentra confeso de los delitos que se le atribuyen; era la última persona que faltaba, la banda quedó desarticulada", confirmó un funcionario de la UEA.

Todos fueron recluidos en el Centro de Ejecución de las Consecuencias Jurídicas del Delito (Cedjude), con sede en Mazatlán.

En la crónica policiaca del periódico *El Debate*, aparecida el jueves 24 de febrero de 2011 en su página web (www.debate. com.mx/eldebate/articulos/ArticuloGeneral.asp ?IdCat=6112&idart=10658854), *el Jonathan* aseguró que no conocía a Julio César Ramírez, señalado por la UEA como líder de la banda de secuestradores, y que sólo le habían dicho que iban a golpear a una persona por una mujer. "Nomás me dijeron que era para golpear a un bato por una morra; lo conocí [a Luis César] por un amigo, él me invitó. Les presté mi pistola, pero yo no sabía nada. No, nada de eso. Cambiamos de camioneta al señor, pero nomás. Me dijeron eso, que era por una morra", concluyó.

Sentencias por secuestro y homicidio

En abril de 2009, un juez con Distrito Judicial en Mazatlán, Sinaloa, dictó una sentencia de 33 años y nueve meses a Rubén Córdoba Torres, por el delito de secuestro agravado, privación de la vida y cobro del rescate.

En noviembre de 2010, el Poder Judicial del Estado de Sinaloa dictó otra sentencia por 30 años en contra de José Ángel Aguilar Medina, por el delito de secuestro agravado cometido por dos o más personas, y por facilitar el arma a los agresores.

Dos sentencias más fueron dictadas en febrero de 2011, por el Juzgado Primero en Materia de Delitos Penales, en contra de Luis César Ramírez Córdoba y Salvador Martínez Hernández, a quienes se les dio una pena de 35 y 33 años de prisión, respectivamente; el primero por ser el autor intelectual y material del secuestro y homicidio, y el segundo por ser el observador y por privación ilegal de la libertad.

¿Vinculado con los Arellano Félix?

Es totalmente falso, a mi hermano nunca le conocimos gente de ésa.
Al contrario, los eventos que tenía eran al aire libre, la mayoría no eran
privados. A veces nosotros lo acompañábamos a lugares públicos.
DANIEL ALFARO, hermano de Jesús Rey David Alfaro Pulido, *el Gallito*,
febrero de 2008.

Tenía 26 años de edad, pero ya bastante tiempo de cantar narcocorridos —varios de ellos relataban las fastuosas y caprichosas fiestas de los hermanos Arellano Félix— y música norteña en restaurantes, bares, centros nocturnos y reuniones sociales.

Mucho de su repertorio estaba conformado por las canciones de Valentín Elizalde, *el Gallo de Oro*, asesinado dos años antes en Reynosa, Tamaulipas. Por eso lo llamaban *el Gallito*.

Casi no asistía a eventos privados, dicen que no se relacionaba con gente extraña, peligrosa. Lo describían como un hombre recto, bueno, amable, cariñoso y emprendedor. Trabajaba en una compañía telefónica, pero sus ilusiones estaban puestas en la música y en su novia Alejandra, madre de su única hija.

Pero por la manera en que Jesús Rey David Alfaro Pulido, *el Gallito*, fue asesinado, se infiere que pudo estar metido en movimientos turbios, en algo que lo vinculaba con el narcotráfico o con el crimen organizado.

12 de febrero de 2008

Su familia lo vio por última vez cuando se despidió para viajar a Tijuana, donde amenizaría una fiesta privada. Iría acompañado de su representante Israel Torres y su asistente José Guadalupe Topete. Ninguno de los tres regresó a casa...

Su búsqueda comenzó la mañana siguiente por la ruta hacia Tijuana. No hubo señales de su paradero.

En las primeras horas del domingo 17 de febrero, la Procuraduría General de Justicia del Estado de Baja California informó del hallazgo de un cuerpo de sexo masculino con tres tiros en la cabeza y marcas de estrangulamiento; estaba cubierto por una manta y se localizaba en un terreno baldío del fraccionamiento La Ciénega, en Tijuana.

El sujeto tenía un mensaje escrito sobre una cartulina que decía: "Tú eres el siguiente", refiriéndose al presidente de México, Felipe Calderón Hinojosa, como represalia a la ofensiva del mandatario tras el envío de decenas de soldados del Ejército mexicano para combatir al narcotráfico y a los cárteles de la droga en el estado.

El cuerpo sería identificado poco después como el del desaparecido cantante Jesús Rey David Alfaro Pulido, *el Gallito*.

Un día después del hallazgo, la policía localizó dos cuerpos más: uno sobre la Vía Rápida, muy cerca del centro comercial Mundo Divertido —al oriente de la ciudad de Tijuana—, el cual fue identificado como el de Israel Torres, quien se encontraba atado de pies y manos, mutilado de varios dedos, con signos de tortura y asfixia, y otro narcomensaje que decía: "Nosotros sí vamos".

El tercero de los cadáveres fue ubicado en el fraccionamiento Las Plazas, y era el de José Guadalupe Topete, de 33 años de edad, asistente de Jesús Rey David Alfaro. De acuerdo con datos de la procuraduría del estado, el cantante y sus dos acompañantes tenían entre dos y tres días de haber muerto.

En una entrevista aparecida en la página web *Amigos de Tamaulipas* (www.amigosdetamaulipas2.mforos.com), Daniel Alfaro, hermano de Jesús Rey David, dijo haber perdonado a los asesinos de su consanguíneo: "Lo único que queremos es que las personas que le hicieron daño a mi hermano, los perdone Dios. No tenemos nada contra ellos y no queremos saber nada sobre el caso, sólo queremos continuar con nuestra vida".

Sobre la posible relación del *Gallito* con capos del narcotráfico, un funcionario de la fiscalía especializada del estado de

Baja California, quien solicitó el anonimato, refirió: "Creemos que tenía vínculos con el cártel de los Arellano Félix".

Un video pudo ser el responsable de la muerte del *Gallito*

Una nota publicada en la página web del *Semanario Zeta* (www.zetatijuana.com/html/Edicion1769/Principal.html), señaló que la PGJE dio a conocer que Jesús David Alfaro Pulido, *el Gallito*, consumía drogas, las distribuía y tenía nexos con repartidores de enervantes.

La crónica de *Zetaonline* destaca que el día del homicidio, *el Gallito* había asistido a una fiesta del cártel de los hermanos Arellano Félix, el mayor distribuidor de drogas en Tijuana, para amenizar el convivio.

Durante el festejo, Israel Torres, su representante, comenzó a grabar aspectos de la fiesta con su teléfono celular, lo que hizo que uno de los lugartenientes del grupo delictivo le exigiera que dejara de hacerlo. Al negarse, Israel Torres pudo haber sido esperado por varios gatilleros afuera de la fiesta para someterlo y obligarlo a pagar con la vida su desobediencia. Tal vez de ahí se deriva la mutilación de sus dedos.

Presumiblemente, cuando Israel Torres, José Guadalupe Topete y Jesús Rey David Alfaro salían de la fiesta, fueron interceptados y subidos a una camioneta para llevarlos hasta un lugar incierto en donde fueron torturados, asesinados y después abandonados en diferentes puntos de Tijuana.

Otra hipótesis sostiene que *el Gallito*, aparentemente, distribuía droga durante sus presentaciones, y que al verse en conflictos por el incumplimiento en el pago del enervante al cártel de los Arellano Félix, fue ajusticiado junto con sus compañeros.

Estuvo en la fiesta pero ya no regresó

*Nosotros no lo buscamos de inmediato, porque el Ministerio Público
nos dijo que tenían que transcurrir 72 horas para considerarse
como desaparecido mi hijo.*
Jorge Canastillo Bojórquez, padre de Iván Aarón Canastillo.

Tenía más de 10 años de trabajar con Los Alazanes de Sonora,
y aún venían muchos proyectos profesionales y personales. Era
muy joven, apenas 29 años de edad, y tenía una familia bien
fincada; pero andar metiéndose en líos de faldas con mujeres
propiedad de personas muy peligrosas le costó caro a Iván
Aarón Canastillo Villanueva.

31 de agosto de 2008

Luego de haber sido reportado como desaparecido desde el lunes 1°
de septiembre de 2008, Iván Aarón Canastillo, vocalista del grupo
Los Alazanes de Sonora, fue localizado sin vida la tarde del miércoles 3 de septiembre en una zona de la sierra de Caborca, Sonora, cerca de la pista de caballos Las Calabazas, con un balazo en la sien.

El cuerpo presentaba ya estado de descomposición, por lo
que fue trasladado de inmediato al anfiteatro de la procuraduría estatal. De acuerdo con las investigaciones, Iván Aarón había asistido la mañana del domingo 31 de agosto a una fiesta
privada en Caborca, invitado por el grupo Crollalluego, después
de lo cual no se volvió a saber de su paradero.

"Nosotros no lo buscamos de inmediato, porque el Ministerio Público nos dijo que tenían que transcurrir 72 horas para

considerarse como desaparecido mi hijo", dijo Jorge Canastillo Bojórquez, padre del cantante.

María Dolores Lizárraga, esposa de Iván Aarón, y madre de dos hijos: Iván, de cinco años y Aylen, de tres, dijo haber recibido una llamada anónima la tarde del domingo, en la que le advertían que "levantarían" a su esposo; sin embargo, no le dio importancia, pues creyó que se trataba de una broma, ya que los supuestos secuestradores no volvieron a contactarla. Tres días después, el cuerpo del cantante fue localizado sin vida...

La aprehensión del asesino

El miércoles 13 de abril de 2011, en el marco de la Estrategia Integral del Estado Mexicano en contra del Narcotráfico y Delincuencia Organizada, elementos militares de la Secretaría de la Defensa Nacional (Sedena) detuvieron en Hermosillo a Raúl Sabori Cisneros, alias *el Negro*, identificado como el principal operador y el segundo hombre en importancia del cártel de Sinaloa.

Raúl Sabori Cisneros fue señalado como el presunto secuestrador y homicida de Iván Mario Canastillo Villanueva, en 2008, y de dos policías municipales en Saric, Sonora (cuyas osamentas fueron localizadas en el municipio de Trincheras), en 2010.

De acuerdo con la información publicada en la página de internet *La Policiaca* (www.lapoliciaca.com/nota-roja/detienen-en-hermosillo-a-operador-del-chapo-guzman/), Iván Aarón fue asesinado después de haber tenido un pleito en una fiesta de narcos. Así lo señaló la diligencia judicial de la averiguación previa 332/08, iniciada en la Agencia Primera del Ministerio Público del Fuero Común:

> Iván Aarón Canastillo Villanueva, de 29 años, fue contratado para tocar en una fiesta que se celebró en casa de Benjamín Álvarez Beltrán, ubicada en calle 15, entre avenidas K y L, en la colonia Ortiz. De ese lugar salió el intérprete de Los Alazanes de Sonora acompañado de Ramón Sabori, el ex militar Héctor Pulido, un sujeto apodado *el Güero* y otros pistoleros del primero, alrededor de las 9:00 de la mañana del último domingo del mes de agosto. Se dirigieron hasta una vivienda situada en la esquina de la avenida

Cananea y calle 25, en la colonia Lizárraga. El inmueble es propiedad de los Sabori. En ese sitio estaban Raúl Sabori y otras personas celebrando una fiesta que amenizaba el grupo musical conocido como Los Ruiseñores del Norte. Al llegar Iván Aarón, se le aproximó Raúl para comenzar a reclamarle un asunto que resultó ser un lío de faldas. En cuestión de minutos, el altercado comenzó a acalorarse, al grado que en ese momento los Sabori agredieron a golpes al cantante de Los Alazanes de Sonora. En medio de violentos jaloneos, donde a decir de testigos oculares también participaron el ex militar Héctor Pulido, *el Güero* y otros, Canastillo Villanueva fue llevado presumiblemente hasta el exterior de la vivienda o algún otro lugar en el mismo inmueble. A los pocos momentos se escuchó una detonación de arma de fuego, estableciéndose que los pistoleros de los Sabori obligaron a Iván Aarón a hincarse en el piso y en esa posición recibió el mortal balazo en la cabeza.

La nota informativa de *La Policiaca* agrega:

Versiones contenidas en la averiguación previa, indican que vecinos del lugar dijeron haber visto cuando a escasos minutos de que se escuchó el disparo, de esa misma casa salió un vehículo *pick up* color dorado. Presumiblemente en esa unidad que se retiró del lugar, dejando un rechinido de llantas, fue trasladado ya el cuerpo sin vida de Iván Aarón hasta las cercanías del taste Las Calabazas, ubicado a unos siete kilómetros al Sureste de Caborca.

Al transcurrir lunes y martes —dijo Jorge Canastillo Bojórquez, padre de Iván Aarón, durante la diligencia— los investigadores decidieron ir en busca de mi hijo y para ello montaron unos caballos, y el hallazgo del cadáver lo hicieron unos primos hermanos de Iván Aarón, después de varias horas de búsqueda, el miércoles 3 de septiembre.

Era de su propia familia

Tengo fe en las investigaciones, que agarren exactamente a todos,
porque eran 14 gentes las que hablaban, las que negociaban
el rescate, las que me tuvieron allá.

José Antonio Fuentes Atilano, *Óscar Lobo*, vocalista del grupo Clímax,
26 de septiembre de 2008.

Comenzó como *dj* y animador en un bar de Veracruz, pero cuando formó su propia agrupación musical, Clímax, y grabó el tema *Za, Za, Za, la mesa que más aplauda*, la pegajosa canción se convirtió en un fenómeno que alcanzó popularidad en toda la República mexicana. Incluso en 2001, el comediante Eugenio Derbez la incluiría en su propia versión en la película de dibujos animados Sherk (lo que le costó una demanda por parte de Fuentes Atilano).

Pero la fama, el éxito y el dinero que *Óscar Lobo* cosecharía como intérprete de música grupera, le traería graves consecuencias.

23 de septiembre de 2008

Cuando se encontraba dormido en el interior de su casa en el fraccionamiento Costa de Oro, José Antonio Fuentes Atilano, conocido en el ambiente grupero como *Óscar Lobo*, líder y vocalista del grupo tropical Clímax (famoso por el tema *Za, Za, Za, la mesa que más aplauda*), y ex dueño del *table dance* Clímax, fue tomado por sorpresa por un grupo de hombres que lo "levantaron" para trasladarlo en un taxi con número económico 1157 hasta una casa de seguridad ubicada en callejón Carranza y la calle 5 de Febrero, colonia Reserva Tarimoya, donde permaneció retenido casi 24 horas, mientras sus captores exigían el pago de cinco millones de pesos por su liberación.

Óscar Lobo fue salvajemente golpeado por sus plagiarios, pero cuando finalmente quedó al resguardo de un solo delincuente, lo enfrentó hasta lograr escapar, pues había escuchado que aun con el pago del rescate lo matarían.

Debido a la tortura que había recibido, José Antonio Fuentes Atilano fue localizado por elementos de la Policía Intermunicipal Veracruz-Boca del Río, tirado en la calle, frente a una escuela y con visibles golpes en la cabeza y el cuerpo, y con una pieza dental menos. Aún tenía en las manos y los tobillos parte de la cinta con la que había sido atado. *Lobo* fue trasladado al Hospital de Alta Especialidad de Veracruz para ser atendido, y en donde permaneció bajo vigilancia policiaca.

Con datos proporcionados por el secuestrado, agentes investigadores se trasladaron hasta la casa de seguridad, donde fueron localizadas ropas con sangre. Ahí se detuvo a varios de los secuestradores: Alejandro Moscoso Vela, Sergio Cruz Domínguez, alias *el Negro*; Carlos Vergara Domínguez, alias *el Mono*; Jesús Valencia Garfias, alias *el Garfias* (chofer del taxi); Juan Carlos Cortina Tenchipe, *el Tenchipe*; Rafael Reyes Tejeda, y la bailarina Reina Isabel Rivas García, alias *la Malandra*, quienes fueron trasladados a la Agencia Cuarta del Ministerio Público, donde el licenciado César Jaimes Ascensio inició la investigación ministerial 1960/2008.

Dos de los capturados resultaron ser ex empleados del negocio del cantante (a quienes identificó por sus voces) y uno más, Alejandro Moscoso Vela, de 26 años, con domicilio en la calle Andador Bugambilias 167, colonia Infonavit, Lomas del Vergel, era su cuñado.

Alejandro Moscoso había aprovechado su cercanía familiar para observar los movimientos del artista grupero, así lo confirmó el subprocurador de Justicia de Veracruz, Tomás Carrillo.

El domingo 28 de septiembre, los cuatro detenidos fueron ingresados al penal Ignacio Allende, en Veracruz, si bien aún faltaba capturar a José Alberto Puch Cayetano y a su hijo, quienes también habían trabajado en el bar denominado Clímax, y formaban parte de la banda.

"Fue un secuestro de locos. Muy violento...", dijo Fuentes Atilano dos días después desde su cama de hospital. "Tengo fe en las investigaciones, que agarren exactamente a todos, porque eran 14 gentes las que hablaban, las que negociaban el rescate, las que me tuvieron allá [secuestrado]; faltan todavía como nueve o 10 gentes".

Se suicidan dos de los secuestradores... uno era el ex cuñado

La mañana del miércoles 1º de octubre de 2008, Alejandro Moscoso Vela, ex cuñado de José Antonio Fuentes Atilano, y Juan Carlos Cortina Tenchipe, ex empleado del centro nocturno Clímax, quienes enfrentaban un proceso en el Penal Ignacio Allende, fueron hallados muertos en el interior de la cárcel.

De acuerdo con la Dirección General de Prevención y Readaptación Social, durante la revisión matutina fueron hallados los cuerpos colgados del cuello por unos cables en el interior de sus respectivas celdas.

Y es que, de acuerdo con las investigaciones, todo indicaba que ambos procesados recibirían una condena perpetua, pues el Congreso local recién había aprobado una nueva ley en Veracruz que castiga con prisión vitalicia a quienes participen en un secuestro.

Ante ese frustrante panorama, ambos delincuentes hicieron un pacto y decidieron suicidarse. Dos cartas póstumas encontradas en las bolsas de sus pantalones dieron cuenta de la desesperación que vivían en reclusión y de su determinación.

Juan Carlos Cortina Tenchipe escribió:

Para mi mamá Ema:

Mamá, he estado pensando que ya no creo que vaya a salir, no sé qué es lo que pasa, he tomado esta decisión porque ya no aguanto la presión que llevo acá. Necesito que me ayudes en mi decisión porque te quiero mucho, a ti, a Mary. Mamá, hasta he pensado en hacerme daño, ya no sé, dile a todos que los quiero y esto sí me llevó a tomar esta decisión, no te preocupes. Adiós.

El mensaje de Alejandro Moscoso Vela decía:

Para mi esposa Patricia:

Te digo estas palabras para decirte que está muy dura la presión y que me siento desesperado, dándote a decir que te amo con toda el alma y que ya no pienso seguir en todo esto. Espero que sigas adelante con toda tu familia, mi hijo e hija al igual, que te sientas apoyada con mis padres y hermanos, tuve que tomar esta decisión porque ya no voy a salir, los quiero mucho.

Otro secuestrador capturado

En ese mismo mes de octubre, José Puch Cayetano, alias *el Lanchero*, quien fue señalado por sus cómplices como el autor intelectual del secuestro, y su hijo Carlos Augusto Puch Utrera, *Canito*, otro ex empleado del cantante de Clímax, fueron detenidos por la policía investigadora por el presunto robo de un yate, ocurrido en el puerto de Veracruz; luego se les consignaría también por el delito de secuestro en perjuicio de José Antonio Fuentes Atilano, *Óscar Lobo*.

La nota del periódico *Esto*, publicada el martes 14 de octubre de 2008, menciona la manera en que fueron capturados estos dos implicados en el secuestro:

En las horas previas a esa consignación, padre e hijo detallaron que iban a recibir 20 mil pesos por trasladar por la vía marítima a Óscar Fuentes Atilano y conocieron el plan por Alejandro Moscoso Vela —cuñado de *Óscar Lobo*, creador de la canción *Mesa que más aplauda*— y por Juan Carlos Cortina Tenchipe, hechos donde se encuentra involucrado José Alberto Puch Utrera, "el Caricatura", prófugo a la fecha. Ambos detenidos coincidieron en citar que se les hizo extraño que dos meses antes del plagio, en una reunión que tenían, la mujer actual de *Óscar Lobo* y la amante fueron a buscar a Alejandro Moscoso y a Tenchipe, desconociendo de qué hablaron. En una incursión de la Ministerial la tarde del sábado, en la congregación Arroyo de Liza del municipio de San Andrés Tuxtla, fueron detenidos los Puch, al ser rastreado satelitalmente el yate *Four Winns* SL 262 modelo 2008, propiedad de Julián Manuel Ventosa Aguilera, patrón de Carlos Augusto.

En la indagatoria, se señala que los Puch habían sido contratados para llevar a Fuentes Atilano mar adentro, y que una vez ahí lo lanzarían para que se ahogara.

El secuestro de José Antonio Fuentes Atilano, *Óscar Lobo*, fue uno de los casos más impactantes y estremecedores del ambiente musical de México; sin embargo, se convirtió en el más fiel ejemplo de que hasta el ser más querido puede transformarse en la peor pesadilla.

¿Otro ejecutado de la dinastía Elizalde?

*Se trató de una agresión directa. Iban a abordar la camioneta
del cantante, pero el músico quedó muerto en la acera, a simple vista
con un impacto en la cabeza.*
ALBERTO DOMÍNGUEZ MIRANDA, comandante
de la policía estatal de Jalisco.

Era originario del estado de Sinaloa, pero radicaba en Guadalajara. Artísticamente se hacía llamar el *Loco Elizalde*, pero la relación de Carlos Vicente Ocaranza Rodríguez con la familia de Valentín Elizalde, el *Gallo de Oro* (asesinado la madrugada del sábado 25 de noviembre de 2006 en la Expo Feria de Reynosa, Tamaulipas), nunca existió. La madre del *Gallo de Oro*, Camila Valencia, y Jesús el *Flaco* Elizalde, hermano de Valentín, siempre lo negaron: "El *Loco Elizalde* no viene siendo familiar, nada de nosotros, no venía siendo familiar directo ni nada y pues realmente no hay una relación".

En realidad, el parentesco era entre el abuelo de Carlos Ocaranza y el padre de Valentín Elizalde. De acuerdo con datos biográficos recogidos de la página oficial de Carlos Ocaranza, el *Loco Elizalde*, nacido el domingo 19 de julio de 1977, su abuelo Carlos Francisco Ocaranza Elizalde, apodado el *Loco*, era primo hermano del cantante Eduardo el *Gallo* Elizalde, papá de Valentín.

El *Loco Elizalde* inició su carrera en el año 2004 con el disco *Loco, loco*, pero tuvo un mediano éxito. Desde su incursión en la música, siempre dijo pertenecer a la familia Elizalde, por lo que muchos de sus seguidores creían que era hermano de los Elizalde (Jesús, Valentín, Francisco y Libia). Curiosamente, tanto Carlos Vicente como Valentín tuvieron un final semejante, ambos fueron ejecutados al terminar una presentación...

16 de agosto de 2009

Esa noche, Carlos Ocaranza, *el Loco Elizalde*, actuó en el bar La Revancha, un antro de mediana categoría, pero de agradable ambiente nocturno ubicado en la avenida Vallarta, cerca del cruce con la avenida Chapultepec, en Guadalajara.

Durante más de una hora, *el Loco Elizalde* interpretó canciones como *Al 100 la patrulla*, *Desde hoy*, *Por tu amor*, *Te quiero así*, *Chuy y Mauricio* y *El mochomo*, prendiendo los ánimos de hombres y mujeres que disfrutaron de su buen humor y simpatía, aunque mucho del cariño y afecto que recibía era producto de la relación que la gente hacía de él con Valentín Elizalde.

Pero esa noche hubo a quienes no les importó para nada el supuesto parentesco ni la simpatía de Carlos Ocaranza. Esa noche lo ajusticiaron...

Alrededor de las 04:30 horas de la madrugada, después de finalizar su presentación en el bar La Revancha, *el Loco Elizalde* se dirigió hacia su camioneta, una *pick up* Lobo, modelo 2004, con matrícula de circulación JLN-01456, estacionada sobre la acera del lugar.

Ahí también se encontraba el cantante Carlos Miguel Cuadras Burgos, de 32 años de edad, conocido artísticamente como *el Chacal de Sinaloa*, con quien *el Loco Elizalde* había alternado esa noche sobre el escenario.

El Chacal de Sinaloa estaba por retirarse del bar, por lo que había encendido el motor de su poderosa camioneta modelo Chevrolet Avalanche, matrícula TY-87558, del estado de Sinaloa. A unos metros, Carlos Ocaranza apenas abría la portezuela de su vehículo cuando el promotor Jorge Altamirano Pelayo, de 23 años, y quien esa noche lo había contratado, lo alcanzó para detallar lo que sería una nueva presentación.

Carlos Ocaranza y Jorge Altamirano hablaban, cuando dos sujetos desconocidos descendieron de una motocicleta y presurosamente se acercaron hasta *el Loco Elizalde* con la aparente intención de solicitarle un autógrafo, pero uno de ellos sacó una pistola calibre .9 milímetros con la que atacó a tiros al cantante, hiriéndolo de cinco impactos de bala en el tórax y en la cabeza. *El Loco Elizalde* murió instantáneamente.

Jorge Altamirano Pelayo recibió un impacto de bala en la espalda y otro penetrante en el cráneo, lesiones que 24 horas después le causarían la muerte cuando se encontraba en el área de terapia intensiva del Antiguo Hospital Civil Fray Antonio Alcalde.

El Chacal de Sinaloa, quien aún se hallaba en el asiento de su camioneta, logró escapar de las agresiones sin sufrir ningún rasguño, gracias a que tenía encendido el motor de su vehículo y pudo acelerar de inmediato, aunque horas más tarde la policía municipal encontraría su Avalanche abandonada en el cruce de la calle Firmamento y Avenida Niños Héroes, en la colonia Jardines del Bosque, en Guadalajara.

Alberto Domínguez Miranda, comandante de la policía del estado de Jalisco, aseguró que los cantantes y el promotor artístico fueron atacados a mansalva: "Se trató de una agresión directa. Iban a abordar la camioneta del cantante, pero el músico quedó muerto en la acera, a simple vista con un impacto en la cabeza y otro en el pecho, mientras que su representante resultó herido con tres balazos, uno de ellos en la cabeza".

En la escena del crimen fueron recuperados 16 cartuchos percutidos, y se contabilizaron cinco vehículos dañados por impactos de bala en la carrocería y los cristales.

La identificación de Carlos Ocaranza, *el Loco Elizalde*, fue realizada por su hermano Juan Pablo Ocaranza Rodríguez, quien dijo que una persona desconocida le había avisado de la agresión a través de una llamada telefónica.

El subprocurador A del Ministerio Público Especializado, Jorge David Báez, señaló probables teorías y líneas de investigación en torno al homicidio: "Los perfiles de las figuras públicas que son atacadas en ocasiones son coincidentes y tanto su muerte a raíz de un lío de faldas, como el de alguna probable relación con el crimen organizado, no se descarta".

Ya lo habían amenazado de muerte

El Loco Elizalde ya había recibido amenazas de muerte. Yuli Pérez, amiga cercana y manejadora del cantante, recordó que en Acapulco, aquél ya había recibido un mensaje intimidatorio: "El [jueves] 20 de marzo [de 2008] estuvimos en un evento en Acapulco, y ahí le hicieron llegar un papel donde decía que de los Elizalde seguía él. Al terminar su presentación le mandaron otro papel donde le decían que se cuidara porque lo iban a matar" (*LaOreja.tv*).

En abril, al terminar un concierto en Atizapán de Zaragoza, Estado de México, el vehículo del *Loco Elizalde* fue baleado. Su representante hablaría días después sobre este atentado: "Eran las dos de la mañana cuando salimos de ahí, y de una camioneta lanzaron disparos a su camioneta" (*LaOreja.tv*).

Dieciséis meses después, en agosto de 2009, las balas certeras de un joven sicario terminarían finalmente con la vida de quien despuntaba como otra de las promesas de la música de banda, *el Loco Elizalde*.

Lo sorprendieron amenizando una *narcofiesta*

"Tengo la confianza plena en las autoridades mexicanas encargadas de procurar y administrar justicia, reiterando mi compromiso en comparecer ante el fiscal social de la federación para aclarar los hechos que se investiguen y demostrar mi inocencia en los delitos que se me imputen".
RAMÓN AYALA, comunicado de prensa, diciembre de 2009.

Casi 50 años de trayectoria avalan la fructífera carrera musical de quien también es conocido como *el Rey del Acordeón*. Muchos han sido los escenarios en los que su presencia ha recibido ovaciones y sus canciones han sido coreadas. Es un artista en pleno que goza del reconocimiento internacional, y que lo mismo canta en un concierto masivo que en una plaza pública.

Él dice que su música no tiene fronteras y que si alguien le pide que cante, acepta. Y ése quizá fue el error de Ramón Ayala: una contratación lo llevó a ser víctima de las redes del crimen organizado.

11 de diciembre de 2009

La fiesta estaba a todo lo que daba. Desde la calle se escuchaban los arpegios de un acordeón que magistralmente ejecutaba canciones muy norteñas. Era evidente que en esa casa se llevaba a cabo una celebración muy a lo grande; era una posada, una más de las que acostumbraban realizar quienes ahí vivían.

Era de noche y en el interior de la extensa residencia, ubicada en el número 124 del Paseo Naranjos, del exclusivo fraccionamiento Los Limoneros, en Tepoztlán, Morelos, se servían las cervezas frías, las buenas viandas y los mejores aperitivos, mientras jubilosamente numerosos invitados festejaban y libaban con hermosas mujeres.

La música seguía con altos decibeles y, al frente, nuevamente, el sonido inconfundible del acordeón; un acordeón que tenía historia y prestigio, un acordeón cuyas teclas eran virtuosamente ejecutadas por Ramón Covarrubias Garza, un nombre que para muchos no significaba nada, pero que para otros era un lujo tenerlo en esa fiesta.

Era Ramón Ayala, *el Rey del Acordeón*, cantante, compositor, músico y un artista de talla internacional que había obtenido varios premios Grammy y decenas de discos de oro y platino por las altas ventas de sus producciones musicales.

Junto con su grupo de toda la vida, Los Bravos del Norte (integrado por Raúl Rosales, Mario Marichalar, José Luis Ayala, David Laure y Fidencio Ayala), había llegado puntualmente a amenizar una fiesta que era sólo para la gente de confianza, para los verdaderos amigos, para los miembros de una de las seis grandes bandas de narcotraficantes en México: la del cártel de los Beltrán Leyva.

Ahí estaban en pleno festejo, cuando después de la media noche elementos de la Marina llegaron al domicilio con una orden de cateo.

Presuntamente, en esa casa se encontraba un operador del cártel de Sinaloa de nombre Edgar Valdez Villarreal, *la Barbie*, brazo ejecutor de Marcos Arturo Beltrán Leyva, alias *el Barbas*.

Fuentes oficiales revelaron que, cuando los elementos de la Marina interrumpieron el convivio e ingresaron sorpresivamente a la finca, fueron recibidos a balazos.

Aparentemente, en la confusión, Edgar Valdez Villarreal, *la Barbie*, logró darse a la fuga a bordo de una camioneta marca Toyota color plata, matrícula 102 WPH del Distrito Federal, que horas más tarde, alrededor de las 03:20 de la madrugada, fue localizada por la Policía Federal Preventiva sobre la avenida Río Mayo, en la colonia Vista Hermosa.

El vehículo presentaba tres impactos de bala en el lado derecho de la carrocería y huellas de sangre en la manija de la portezuela izquierda y en el asiento delantero del mismo lado.

Cateo y detención

Durante más de dos horas, los habitantes del fraccionamiento Los Limoneros vivieron la peor de las pesadillas, sobre todo los vecinos del Paseo Naranjos, donde las refriegas de balas no cesaron durante un largo rato; impactos de metrallas destrozaron cristales y detonaciones de armas de alto poder que provenían de la *narcofiesta* hicieron estremecer la oscuridad de la noche.

Más de dos horas de angustia y terror para los residentes del fraccionamiento terminaron cuando elementos de la Marina lograron entrar a la casa y sometieron a quienes ahí seguían reunidos. En el interior ya todo era silencio; el aire aún olía a pólvora fresca y sangre, porque habían caído tres presuntos sicarios integrantes del cártel, uno de ellos una mujer de nombre Patricia Pintado, cuyo cuerpo sería trasladado después junto con las otras dos víctimas al Servicio Médico Forense de la Procuraduría General de Justicia de Morelos.

Hubo quienes trataron de esconderse, pero fueron hallados. Otros más quisieron saltar las bardas, pero estaban demasiado altas y ya eran copadas por los infantes de Marina.

Mudas testigos de aquella balacera, sólo quedaron varias botellas de licor sobre las mesas y platos con residuos de comida.

A varios metros, los instrumentos musicales de alguno de los grupos que horas antes amenizaban el convivio, porque además de Ramón Ayala y Los Bravos del Norte, también estaba el Grupo Torrente Musical (conformado por Jesús Escamilla, Rolando Ávila, José Carlos Salinas, Mauricio Vitela y Jesús Muñoz) y Los Cadetes de Linares de Lupe Tijerina (Homero Guerrero y Guadalupe Tijerina).

Durante la operación, los infantes de la Marina incautaron 280 mil 700 dólares en efectivo, mil 700 municiones de diferentes calibres, 74 cargadores, 16 armas largas y cuatro cortas ubicadas en diferentes habitaciones de la residencia.

Todos, absolutamente todos, invitados, sicarios y músicos de la *narcofiesta*, fueron trasladados a la Ciudad de México en medio de un fuerte operativo de seguridad y a través de un puente aéreo desde el Aeropuerto Mariano Matamoros hasta el Aeropuerto Internacional Benito Juárez.

La PGR presentó a 11 de los presuntos sicarios del cártel (luego se revelaría que equivocadamente entre ellos iban algunos choferes de los músicos), y posteriormente entregó a otros 26 en calidad de testigos a la Subprocuraduría de Investigación Especializada de Delincuencia Organizada (SIEDO).

El miércoles 16 de diciembre, un juez federal giró, por petición de la PGR, una orden de arraigo (la figura jurídica para la prisión preventiva) por 40 días para 22 de los investigados, entre ellos el acordeonista Ramón Ayala y siete músicos de su banda.

Como si se tratara del peor delincuente, Ramón Ayala fue trasladado de las instalaciones de la SIEDO a una casa de arraigo, ubicada en la colonia Doctores, a bordo de una tanqueta blindada, escoltada por cuatro camionetas con elementos fuertemente armados de la PFP y de la Marina-Armada de México.

La queja de Ramón Ayala

Desde el momento de su detención, Ramón Ayala alegó que su presencia en la *narcofiesta* se debía a una contratación artística, y que no mantenía ninguna relación con los organizadores del festejo. En su declaración, también dijo que su carrera estaba hecha a base de trabajo, esfuerzo y honestidad, por lo que su detención era arbitraria.

Pese a ello, tuvo que enfrentar las acusaciones de las autoridades que lo vinculaban con el cártel de Sinaloa. Ramón Ayala y los integrantes de Los Cadetes de Linares interpusieron una queja ante la Comisión Nacional de los Derechos Humanos (CNDH), por considerar ilegal su detención.

El *ombudsman* nacional Raúl Plascencia Villanueva confirmó dicha inconformidad y aseguró que la dependencia a su cargo realizaría una investigación. "Vamos a investigar realmente los motivos de la detención y verificar que no se violen ninguno de los derechos de las personas detenidas, independientemente de la responsabilidad penal que puedan tener".

De acuerdo con una nota del periódico *La Crónica*, fechada el martes 22 de diciembre de 2009, una sobrina del cantante declaró que el trato que la PGR había dado a su tío Ramón Ayala, de 64 años de edad, había sido indigno, pues durante su permanencia en los separos se le trató de forma inhumana. "El primer día que lo llevaron a la SIEDO nos dijeron que no requería de abogados porque iba a salir libre, nos mintieron y no lo dejaron bañarse en ocho días, le quitaron los calcetines para que ninguno de los detenidos se suicidara. Imagínense lo que es estar ocho días con las puras botas, sin bañarse, no tienen camas", reveló la mujer.

Adolfo de la Vega Elizondo, abogado de Ramón Ayala, alegó en defensa de su cliente esos malos tratos y agregó que la detención no correspondía con las formas jurídicas. Dijo además que lo que la PGR intentó fue inculpar a Ramón Ayala por presunto *lavado* de dinero y delincuencia organizada.

Al cuestionarle sobre este dicho, el titular de la dependencia, Arturo Chávez Chávez, aseguró que durante los interrogatorios al músico y demás integrantes de Los Bravos del Norte existieron contradicciones e inconsistencias en sus declaraciones, por lo que la PGR decidió solicitar a un juez el cambio de condición de testigos a presentados.

Fanáticos de Ramón Ayala afuera de la PGR

Durante la mañana del lunes 21 de diciembre de 2009, decenas de fanáticos y admiradores de Ramón Ayala se postraron a las afueras de las instalaciones de la Procuraduría General de la República, en Reforma número 211, y en las instalaciones del Centro Nacional de Arraigos, en la colonia Doctores, para exigir a las autoridades la libertad del músico norteño.

A través de pancartas, mantas y gritos que exigían la libertad del acordeonista, decenas de personas arribaron en camiones a estos puntos, en donde mostraron su inconformidad y apoyo al artista, intentando desvincularlo de cualquier relación con el narcotráfico y con el cártel de los Beltrán Leyva.

Yadira Covarrubias, hija de Ramón Ayala, quien encabezó estas manifestaciones, aseguró que su padre no estaba siendo tratado de manera legal. "No nos han dicho por qué está arraigado, desconocemos por qué delito se le está acusando, eso es lo que venimos a exigir, que nos digan, porque hay que recordar que mi padre es una persona con nacionalidad norteamericana y los procesos en Estados Unidos no son así como se están empleando en México."

Tras los primeros días de arraigo, y ante la amenaza de su posible consignación a un reclusorio, Ramón Ayala sufrió trastornos de hipertensión y arritmias cardiacas que pusieron en grave riesgo su vida. De acuerdo con los términos de ley, el cantante fue sometido a estudios médicos que confirmaron su condición inestable, por lo que el Juez Segundo Federal Penal Especializado en Cateos, Arraigos e Intervención de Comunicaciones, levantó la medida cautelar de arraigo del músico acordeonista el jueves 24 de diciembre, en atención a una orden médica y con el fin de salvaguardar la vida del inculpado.

Ramón Ayala obtuvo su libertad, aunque con las reservas de ley, pues eso no constituyó un impedimento para continuar con el proceso de investigación. Tras su salida del Centro de Arraigos, emitió un comunicado de prensa en el que advirtió que no podría dar ninguna declaración ni entrevista a la prensa debido a que el proceso aún continuaba abierto, pero externó su agradecimiento por todo el apoyo recibido durante los días que permaneció privado de su libertad:

> Me dirijo a ustedes con la finalidad de agradecerles el apoyo incondicional mostrado a mí y a mi familia en esta situación adversa.
>
> Quiero decir que el Ministerio Público de la Federación el día de ayer le solicitó al Juez Segundo Federal Penal especializado en arraigos, el levantamiento del arraigo al cual estaba sujeto en el Centro de Investigación Federal de la Procuraduría General de la República en aras de salvaguardar mi estado de salud.
>
> Tengo la confianza plena en las autoridades mexicanas encargadas de procurar y administrar justicia, reiterando mi compromiso en comparecer ante el fiscal social de la federación para aclarar los hechos que se investiguen y demostrar mi inocencia en los delitos que se me imputen.

El lunes 30 de agosto de 2010, luego de su detención, Edgar Valdez Villarreal, *la Barbie*, reconoció ser amigo de Ramón Ayala "y de todos los gruperos".

Los otros procesados

Aunque Ramón Ayala obtuvo su libertad condicional por pres-
cripción médica, la medida cautelar de arraigo continuó para el
resto de los músicos de Los Bravos del Norte, Los Cadetes de Linares y Torrente Musical.

Los procesos siguieron el curso de la investigación, pero el
lunes 18 de enero de 2010, Guadalupe Tijerina, de Los Cadetes
de Linares, tuvo que ser trasladado del Centro de Arraigos a un
hospital debido a complicaciones con la diabetes, enfermedad
que padecía.

El miércoles 3 de marzo de 2010, luego de casi 80 días de
arraigo, Guadalupe Fidencio Tijerina Peña, *Lupe* Tijerina, obtuvo su libertad por falta de pruebas, junto con otros dos músicos
de Los Cadetes de Linares y uno más de Torrente Musical.

José Carlos Salinas Rodríguez, Rolando Ávila Muñoz y Hugo
Grajales Cantú, otros músicos, fueron consignados ante un juez
penal por su presunta participación en delincuencia organizada.

Acordeonista desde los cinco años de edad

Ramón Covarrubias Garza nació el sábado 8 de diciembre de
1945, en la colonia Argentina, en Monterrey, Nuevo León. Es el
cuarto de nueve hermanos, hijos del cantante Ramón Covarrubias y del ama de casa Natalia Garza, un matrimonio de clase
baja que tuvo que luchar durante varios años para lograr sacar
adelante a su progenie.

De su padre, Ramón heredó el gusto por la música, y a los
cinco años obtuvo su primer instrumento musical: un acordeón
de juguete que le obsequió aquél.

En 1958, junto con su familia, se trasladó a Tamaulipas,
donde comenzó a trabajar como obrero jornalero en la pizca del
algodón.

Un año después, el futuro ídolo del acordeón conoció al cantante Cornelio Reyna, quien formaba el dueto Carta Blanca junto con Juan Peña. Con el tiempo, Juan se separó de Cornelio, y
Ramón entró en sustitución, en lo que entonces se denominó el
dueto Los Relámpagos del Norte.

Al lado de Cornelio Reyna, Ramón grabó sus primeros discos, pero fue en 1963 cuando el tema *Ya no llores* los proyectó a la popularidad. Poco tiempo después lanzaron nuevos éxitos, entre ellos *Comal y metate*, *Ay ojitos*, *La tinta de mi sangre*, *Devolución* y *Mi tesoro*, hasta que en 1971 Cornelio decidió separarse de Ramón y seguir su carrera como solista.

Para entonces, Ramón ya era un hábil acordeonista, por lo que se propuso hacer su propia agrupación musical, y en 1974 surgieron Los Bravos del Norte, un conjunto de esencia norteña con quienes grabó *Ni por mil puñados de oro*. Sería con el tema *Chaparra de mi amor* con el que Ramón Ayala y Los Bravos del Norte obtendrían su primer disco de oro. Desde entonces, los reconocimientos han sido constantes y los triunfos más.

Ha grabado más de 100 discos y desde hace varios años es reconocido como un hombre benefactor y altruista, pues cada mes de diciembre obsequia más de 15 mil juguetes a los niños pobres de la localidad de Hidalgo, Texas, donde actualmente reside.

Un año después las balas certeras de una mano asesina finalmente terminaron con la vida de quien ya era reconocido como una figura de la música de banda.

Le dieron el tiro de gracia

*A mí me ha pasado muy seguido, desde hace años, que pasa alguien, habla
a la radio o a un periódico y se ha publicado en prensa que me mataron
o sufrí un accidente y tengo que hablarle a mi mamá, está malita del
corazón y lo primero que hago es hablarle.*
Sergio Vega, *La Oreja*, Televisa, 27 de junio de 2010.

Su vida fue como la historia de los narcos de sus propias canciones, le cantaba al amor pero también a la droga y a la muerte.
Varias veces tuvo que enfrentarse a la prensa para desmentir la
falsa noticia de su fallecimiento, y la última vez lo hizo sólo
unas horas antes de ser cazado y acribillado...

27 de junio de 2010

Poco después de haber terminado su conversación telefónica con
los conductores del programa de televisión *La Oreja*, emisión de espectáculos de la cadena Televisa, donde aclaró que no había sido
objeto de un atentado ni tampoco había fallecido, Sergio Vega, conocido artísticamente como *el Shaka*, intérprete de éxitos musicales como *Dueño de ti* y *Sueño de amor*, tomó su automóvil Cadillac
color vino, matrícula VYM-1329, y acompañado de su asistente
Sergio Montiel Ávila, se dirigió a la feria de Alhuey, municipio de
Angostura, Sonora, donde encabezaría una presentación con Los
Nuevos Llaneros y el cantante Chuy Rubio, en la Gira del Pacífico
organizada por el empresario Jesús Tirado Camacho. El concierto se
suspendería horas después, tras conocerse el crimen del *Shaka*...
        Alrededor de las nueve de la noche, sobre el kilómetro 21 de
la carretera México-Nogales 15, poco después de cruzar la case-

ta de peaje de San Miguel Zapotitlán, municipio de Ahome, en la sindicatura de El Carrizo, en Los Mochis, Sergio Vega y su asistente Sergio Montiel notaron que eran seguidos por una camioneta de doble cabina en la que viajaban varios hombres.

Sergio Vega no detuvo la marcha y aceleró para tratar de alejarse de los sujetos sospechosos, pero entonces comenzó una persecución, mientras Sergio Montiel llamaba a la policía a través de su teléfono celular.

Ana Luisa Gómez, mánager de Sergio Vega, recordaría que también recibió otra llamada en la que el cantante, en tono desesperado, le alertaba que eran perseguidos: "¡Llámale a los federales! ¡Me quieren emboscar!"

"Me dijo que lo iban siguiendo, me pidió que le hablara a alguien para que los ayudaran, pero cuando llegó la ayuda ya era demasiado tarde", recordó ella.

La persecución había continuado hasta los cerros de Barobampo, donde los tripulantes de la camioneta dispararon sobre el Cadillac de Sergio Vega, haciendo blanco en la parte trasera de éste; sin embargo, el cantante en ningún momento bajó la velocidad. Metros adelante, finalmente tuvo que frenar cuando estuvo a punto de chocar contra la caja de un tráiler que circulaba a baja velocidad; fue en ese instante que los sicarios le dispararon nuevamente, lesionándolo con cinco impactos de bala en el cuerpo.

Herido de muerte, Sergio Vega se desvaneció inconsciente sobre el volante de su automóvil, lo cual propició que perdiera el control y saltara al carril contrario de la carretera, donde derribó un poste de señalamiento vial y quedó varado sobre un montículo de tierra.

Sergio Montiel había recibido un impacto de bala en la espalda, pero pudo sacar fuerzas para salir del vehículo y esconderse rápidamente entre la maleza del monte.

De acuerdo con las primeras pesquisas de la Policía Federal Preventiva y del Grupo Táctico de Reacción Inmediata, Sergio Vega tenía disparos en el tórax y uno más en la cabeza: el tiro de gracia, un sello característico del crimen organizado que, se presume, le fue disparado por un hombre a pie, desde la ventanilla de su automóvil.

Peritos en criminalística reforzarían esta versión tras el hallazgo de cuatro cartuchos .9 milímetros ubicados junto a la puerta del conductor. A varios metros de la escena del crimen también serían localizados 30 casquillos de arma calibre .45.

Personal de la PGJE ordenó el levantamiento del cadáver de Sergio Vega, *el Shaka*, y su traslado al servicio médico forense para realizarle la necropsia de ley.

Una nota publicada en la página web del periódico *El Debate* de Sinaloa (www.debate.com.mx/eldebate/Articulos/Articulo-Primera.asp?IdArt=9987064&IdCat=6087) menciona que el cantante fue ejecutado en un intento de asalto:

El subprocurador regional de Justicia, Ramón Ignacio Rodrigo Castro, estableció que Sergio Vega y su asistente Sergio Montiel eran seguidos por unos sujetos en un vehículo desde que entraron a Sinaloa. El cantante no los dejó rebasar y a la altura de los cerros de Barobampo le dispararon y le chocaron en la parte posterior. Eso provocó que perdiera el control de la unidad, cruzara el carril contrario y quedara en el monte, donde fue rematado a tiros.

Atalo de la Vega, abogado del intérprete y quien estuvo en la agencia antihomicidios en apoyo de las dos hermanas del cantante al momento de reclamar el cuerpo, descartó que el ataque haya sido en forma directa contra él: "No tenía problemas con nadie. Era un buen hombre. Traía un auto que seguramente les gustó a los sujetos y como se resistió a que se lo robaran lo mataron", dijo al considerar esa zona de la carretera Internacional como muy peligrosa.

El señor Sergio Montiel, padre del asistente del Shaka, dijo que habló con su hijo, que el cantante solicitó apoyo vía teléfono celular a la policía cuando era perseguido sobre la carretera Internacional, pero nadie le dio el respaldo y optó por acelerar el vehículo, pero un tráiler le cerró el paso y fue cuando lo chocaron por atrás, le dispararon y quedaron en el monte: "Desde que entraron a Sinaloa los venían siguiendo. El cantante los vio y le hizo la observación a mi hijo que cuando disminuía la velocidad los del otro vehículo también lo hacían y cuando aceleraba lo seguían. Sergio le dijo a mi hijo que corriera, que se fuera, que ya lo habían chin... ¡córrele, Sergio! Y mi hijo se salió del auto y se escondió herido en la espalda, entre el monte".

Los hermanos Vega ofrecen conferencia

Aun con la consternación y el dolor por la dramática muerte de su hermano Sergio, Carlos y Ana Luisa Vega tuvieron la fortaleza para enfrentar a los medios de comunicación y ofrecer una conferencia de prensa en la que hablaron del homicidio.

Ana Luisa recordó el momento en que platicó con su hermano, minutos antes de que partiera hacia la feria de Alhuey: "Esa noche, como siempre, estaba con nosotros en casa de mi mamá, luego dijo que tenía una chambita para aquel rumbo [Angostura, Sinaloa] y se retiró".

Poco después de las nueve de la noche, Ana Luisa recibió una llamada telefónica en la que su hermano Alfredo le hizo saber de un supuesto accidente ocurrido al cantante, en el que aparentemente había quedado gravemente lesionado. En ese momento, la principal preocupación de Ana Luisa eran sus padres, quienes estaban delicados de salud. "Mi papá tiene una embolia cerebral y me preocupaba saber si la muerte de mi hermano estaba confirmada, y mi madre está enferma del corazón."

De inmediato, los hermanos Vega trataron de saber más detalles del atentado, pero fue hasta que recibieron una llamada de Los Mochis, en la que les pedían presentarse a identificar el cadáver, cuando confirmaron la noticia. "Tuvimos que decirle la verdad a mi padre, y él me dijo: 'Hija... tú vas a ir'. Hablamos con el abogado y nos dice que dos mujeres tenían que ir, entonces fuimos mi hermana Rosario, que vive en Hermosillo, y yo", dijo Ana Luisa Vega.

En declaraciones al diario *El País*, el 27 de junio de 2010, Laura Gómez, representante de Sergio Vega, aseguró que *el Shaka* siempre se sintió seguro, que nunca había sido amenazado ni tenía deudas con nadie, mucho menos con el narcotráfico, como se empezó a mencionar luego de su muerte: "La prueba es que iba sin escolta y sin armas, conduciendo su Cadillac. Ya hacía tiempo que no se centraba en los corridos, su repertorio era de canciones de amor. No creo que se trate de un ajuste de cuentas, es uno más de los miles de mexicanos que están muriendo por culpa del narcotráfico".

El funeral

En medio de un intenso calor, la mañana del domingo 27 de junio de 2010, decenas de fanáticos y seguidores de Sergio Vega, así como medios de comunicación de México y los Estados Unidos, hicieron fila para acompañar los restos del cantante fallecido, desde San Miguel, Sinaloa, hasta el municipio de Esperanza, Sonora, donde fue velado y homenajeado.

Durante varias horas, decenas de personas se congregaron inmutables al paso de la caravana de dolientes, soportando las inclemencias de un calor abrazador, apenas refugiándose en las pocas zonas de sombra, pero sin perder ni un instante de cada movimiento, cada detalle del cortejo fúnebre, que en todo momento estuvo resguardado por elementos de la policía estatal.

Entre cánticos de fervientes admiradores bañados por lágrimas de tristeza y dolor, el féretro de Sergio Vega fue llevado hasta una agencia funeraria, donde sus padres y hermanos, abatidos por el duelo y la indignación, no pudieron ocultar el sufrimiento.

Minutos más tarde, el ataúd de madera color cobrizo fue abierto para dejar ver por última vez el rostro de quien con su música y sus canciones se convirtió en el hijo predilecto de Sonora: Sergio Vega, *el Shaka*, un artista que hasta en la muerte lució pulcro, impecable. Dentro del féretro su rostro resplandecía perfectamente maquillado, parecía estar disfrutando de un profundo sueño. *El Shaka* vestía un traje azul que le daba garbo. Sobre el féretro, su inseparable bajo sexto y un acordeón.

Durante las primeras horas de ese lunes 28 de junio, Sergio Vega fue trasladado al Centro de Usos Múltiples de Ciudad Obregón, la tierra que lo vio nacer, y que 40 años después lo recibió, para darle el último adiós, y en donde miles de personas le entregaron su cariño en un último homenaje. En todo momento hubo música y canciones, su música y sus canciones, las que lo hicieron famoso, las que todos coreaban, las que todos se sabían.

Ahí estuvieron, como en todas sus actuaciones, sus compañeros de la Banda Carbonera, los mismos que la madrugada del sábado en que ocurrió su asesinato habían esperado su llegada en el baile de Alhuey. Como agradecimiento a su amistad, y por el respeto y cariño que le tenían, ahí estuvieron nuevamente junto a él para despedirlo en sus últimos momentos sobre la tierra.

Al cielo se escuchó el retumbar de la tambora y los estribillos de *Cuando el sol salga al revés*, una canción que el propio Sergio Vega había pedido que le cantaran cuando muriera.

El funeral se hizo multitudinario, la gente hizo largas filas para despedirse y tocar sutilmente el ataúd, mientras musitaban una canción o rezaban una oración.

Por la tarde, *el Shaka* hizo su último recorrido rumbo al panteón, y mientras caían las últimas lágrimas y lamentos, llegó al cementerio El Polvorín, donde entre hurras, aplausos y canciones fue sepultado.

De tradición familiar musical

José Sergio Vega Cuamea nació el viernes 12 de septiembre de 1969, en el ejido Los Hornos, una municipalidad ubicada al centro del estado de Sonora, a escasos 20 minutos de Ciudad Obregón.

Hijo de Fernando Vega Verdugo y Delfina Cuamea Orduño, fue el octavo de 13 hermanos. A los seis años comenzó su inclinación por la música, motivado por sus hermanos, con quienes armó su primera batería, utilizando cacharros viejos, vasijas, ollas y sartenes.

En esa época también comenzó su afición por el canto, llevado por la tradición familiar. "Yo cantaba desde muy chiquillo, y como todos mis tíos eran músicos, siempre tocaban las canciones del radio antes de salir a la labor... y yo me la pasaba cante y cante... ¡Desde entonces me gustaba mucho cantar!"

Durante su adolescencia, buscando nuevas oportunidades, viajó en calidad de inmigrante a los Estados Unidos, donde deambuló mostrando su talento como cantante por bares y cantinas de Arizona y Phoenix.

Para entonces, sus hermanos Ramón y Chuy ya habían formado el grupo norteño Los Hermanos Vega, con el que grabaron su primer disco en el sello Joey Record de Arizona.

Dos años después, y a la salida de Chuy, quien se integró a Los Cadetes de Linares, Sergio lo suplió, conformando con Ramón lo que llamaron Los Vega de Sonora.

"De día trabajábamos en varios oficios y en las noches cantábamos en un bar que se llamaba El Capri, del señor Pedro Márquez. Nada más que mi hermano Chuy se fue con Los Cadetes de Linares y yo tuve que aprender en friega a tocar el bajo sexto. Así seguimos nada más mi hermano Ramón y yo".

Durante esa época, Sergio grabó algunos de sus primeros éxitos: *Corazón de oropel, Moriré por ti, Mendigo de amor* y *Montura grabada*.

En 1994, Sergio decidió seguir su propio camino en la música y junto con un grupo de amigos músicos formó Los Rayos del Norte, un conjunto norteño con el que grabó temas como *Las parcelas de Mendoza, El dólar doblado, El ayudante, Con olor a hierba, Eres mi estrella, Ayúdame a vivir*, entre otras, bajo el sello discográfico de Digital Universal.

A finales de la década de los noventa, motivado por la historia de un guerrero zulú del norte de África, un valiente llamado Shaka, que no le temía a nada, siempre vencía las adversidades, conseguía todas las victorias, y había muerto siendo ya un viejo experimentado, Sergio Vega tomó el sobrenombre, porque decía que se identificaba con su personalidad.

Así surgiría el nuevo nombre artístico de su agrupación: Los Shakas del Norte, con la que Sergio realizó en 2000 su primer disco, *Te quiero*, al que siguieron *Serie Top 10* y *De la mano por la vida*, donde incluyó canciones como *Cuando yo te conocí, El día que puedas, Con olor a hierba, Esmeralda, Mi mayor necesidad, A través de la luna, El potro salvaje, Dolor y amor, Sucursal del cielo, El relojito, Pequeña linda, El primer paso, El quirófano* y *Bachomo*.

Sin embargo, fue ya como solista, y bajo el mote del *Shaka*, que Sergio Vega tuvo un desmesurado crecimiento en su popularidad, principalmente en los estados de Sinaloa, Baja California, Sonora, Chihuahua y gran parte del territorio noroeste del país, donde canciones como *Siluetas de cristal, Cuando te lavas la cara, El huérfano alazán, Pase y pase* y *A través de la luna*, estas dos últimas de su propia autoría, y *covers* como *Piel de ángel, Dueño de ti, Muchachita de ojos tristes, Un gato en la oscuridad* y *Cosas del amor*, interpretadas originalmente por los cantantes José Luis Rodríguez, *el Puma*; Roberto Carlos y Miguel Gallardo, le dieron prestigio como intérprete de música de banda.

Pero el éxito y el dinero no fueron todo en la vida de Sergio Vega. En el año 2000 la fama, las mujeres y los excesos le cobraron una costosa factura, cuando su cuerpo comenzó a reclamarle su adicción al alcohol y a las drogas, poniéndose incluso al borde de la muerte:

> Comencé a sentirme muy mal, se me subió la presión arterial y de repente se me paró el corazón. Me morí, vi a lo lejos una luz muy blanca y muchas flores, me sentí muy bien, como flotando, pero cuando empecé a rezar, a pedir por mi vida, mi Santo Padre me permitió regresar nuevamente con los míos.
>
> Fue un momento muy duro en mi carrera porque tuve que dejar de trabajar durante varios años (2001-2003), pero eso me sirvió para valorar la vida, para acercarme a Dios y para entender mis errores y no repetirlos. De verdad estoy arrepentido.

Durante dos años, Sergio Vega estuvo prácticamente perdido del ambiente musical, pero en 2004 la compañía disquera Sony Music le dio la oportunidad de regresar a la pasarela discográfica, y así lanzó su disco *Me gusta estar contigo*, con el que recuperó su popularidad.

En mayo de 2010, fue lanzado a la radio su último disco, *Millonario de amor*, cuyo tema del mismo nombre, y de la autoría de Edgar Cortázar y Claudia Brant, alcanzó los primeros lugares de popularidad en las listas de Billboard de los Estados Unidos. En México, superó las expectativas de ventas un mes después de su inesperada muerte.

Tragedias familiares

La relación familiar de Sergio Vega con el resto de sus 12 hermanos siempre fue llena de cordialidad, amistad y respeto. Llevaban la música por dentro, y aunque en algún momento compartieron el mismo escenario y la misma agrupación musical, cuando cada uno decidió emigrar y seguir sus propios pasos no hubo rencillas ni rencores, mucho menos rivalidades; por el contrario, el respeto y la admiración siguieron siendo mutuas.

Para Sergio, sus hermanos fueron parte importante de su formación profesional como cantante, compositor, artista, pero sobre todo como ser humano.

Pero la desgracia no tardó en ensombrecer las exitosas carreras musicales de los integrantes de la familia Vega Cuamea.

El domingo 17 de octubre de 2004, cuando se dirigía a cumplir con una presentación en el poblado de Bacerac, Sonora, Ramón Vega, de sólo 43 años de edad, uno de los principales ejemplos artísticos de Sergio, sufrió un terrible accidente automovilístico junto con sus músicos en la sierra de Sonora. Ramón fue el único que perdió la vida. Sus restos fueron trasladados al poblado de Esperanza, Sonora, donde más de un millar de personas le dieron el último adiós. Todos lo recordaron como uno de los mejores acordeonistas de la música de banda. Sergio le dedicaría en 2006 su disco *Plaza nueva*.

Cinco años después, otra tragedia estaría a punto de repetirse con Chuy Vega, otro hermano de Sergio, quien el miércoles 22 de abril de 2009 tuvo un aparatoso accidente automovilístico cuando regresaba de una presentación con Los Nuevos Cadetes, en Denver, Colorado. Justo sobre la carretera México 15, entre el municipio de Empalme y Ciudad Obregón, la camioneta Sonora color plata, con matrícula de Arizona, donde viajaban el cantante y sus músicos Tavo y Lamberto, sufrió una volcadura cuando un tráiler intentó rebasarlos y los sacó de la carretera.

Gravemente herido, Chuy Vega fue trasladado a un hospital de Ciudad Obregón, debido a las fracturas que presentaba en la cabeza y en la pierna izquierda (www.lachicuela.com).

Sergio Vega estuvo en el último concierto de Sergio Gómez

El viernes 30 de noviembre de 2007, *el Shaka* se presentó junto con su banda La Carbonera en la feria de Morelia, Michoacán. Esa noche, luego de terminar su actuación, *el Shaka* cedió los micrófonos y el escenario a Sergio Gómez, líder del grupo K-Paz de la Sierra, para que cerrara el espectáculo. Cerca de 24 horas después, mientras se encontraba en su casa de Sonora, Sergio Vega se enteró de la fatal noticia: su compañero de oficio, Sergio Gómez, había sido secuestrado, torturado y asesinado después de abandonar la feria moreliana.

Para Sergio Vega el secuestro, la tortura y el asesinato de su amigo Sergio Gómez, sumada a la ola de violencia de los últimos años sobre otros artistas del ambiente grupero, fue un momento de reflexión y preocupación. "A mí me tocó estar con lo del baile de K-Paz en Michoacán, yo le entregué el escenario al tocayo Sergio, yo salí bien librado; hemos reforzado un poquito la seguridad y donde vamos nos ponen seguridad, pero cuando eso va a pasar, cuando la raya está pintada, la gente que traiga con uno se va a ir de todos modo" (*LaOreja.tv*).

Al ser uno de los artistas de banda más famosos, Sergio Vega frecuentemente se presentaba en ferias y espectáculos populares, y quizá por esa cercanía con la gente es que el público le externaba un gran cariño. Aunque hubo quienes le demostraron todo lo contario: los periodistas, quienes en más de una ocasión difundieron, sin confirmar, la noticia de su supuesta muerte en accidentes, atentados o ajustes de cuentas.

Y eso mismo volvió a suceder pocas horas antes de que fuera verdaderamente asesinado por un grupo de gatilleros... Alguien había difundido un supuesto atentado contra Sergio Vega, y de inmediato fue contactado telefónicamente para desmentir la noticia. Ese día aún estaba en su casa en Sonora:

> A mí me ha pasado muy seguido, desde hace años, que pasa alguien, habla a la radio o a un periódico y se ha publicado en prensa que me mataron o sufrí un accidente y tengo que hablarle a mi mamá, está malita del corazón y lo primero que hago es hablarle.
>
> Claro que andamos con cierto temor todos los gruperos, toda la gente que navegamos en el norteño y música de banda, y yo que navego temas muy fuertes como *El papá del diablo*, *Las dos figuras grandes*, muchos corridos, cualquier plaza nueva, sí siente uno y llega a pensar y tiene su temorcito y hay que encomendarse a Dios (*LaOreja.tv*).

Pero ningún grupero, por más famoso y querido que sea, tiene su destino comprado.

La muerte de Sergio Vega, *el Shaka*, se convertiría en otro ejemplo de la violencia desmedida que golpea y sangra cada vez más frecuente a la música grupera, una violencia que solo ha sido el resultado de los errores que en materia de seguridad nacional ha tenido el gobierno federal.

Fosa clandestina

Confiamos en Dios para que aparezcan vivos, mi hermano [José Roselín]
es mi mano derecha, es parte fundamental del grupo.
JERÓNIMO AGUILAR GÓMEZ, líder del grupo Sentimiento Norteño,
conferencia de prensa, 24 de octubre de 2010.

Influenciados por la música y las canciones de Ramón Ayala, *el Rey del Acordeón*, Rieleros del Norte, Los Cadetes de Linares, Los Tigres del Norte y Julión Álvarez, en 2006 surgió en Comitán de Domínguez, el cuarto municipio más importante de Chiapas, una agrupación de música norteña llamada Sentimiento Norteño.

El conjunto se hizo muy conocido, primero en la región chiapaneca y posteriormente en localidades del sur de la República mexicana, por temas como *El día que te juiste, Si me dejas, Frontera verde, Acabo de enterarme* y *Entiéndelo*, entre otros. También causaron polémica por narcocorridos como el de *Roberto Figueroa, el Chucho Blanco*, conocido narcotraficante de la región.

Pero el lunes 23 de junio de 2008, el grupo se vería envuelto en un sonado escándalo cuando después de una riña resultó herido de un balazo en la pierna el instructor de la policía municipal de Comitán, Roberto Elías Sánchez Crocker.

De acuerdo con las crónicas policiacas, el pleito comenzó cuando los integrantes de Sentimiento Norteño se hallaban a las afueras del restaurante La Cama de Piedra, en cuyo interior se festejaba el cumpleaños de una hija de Roberto Elías Sánchez Crocker.

Presuntamente, varios invitados, entre ellos el instructor de la policía, salieron de la fiesta para hablar con los músicos, pero algo sucedió y comenzaron los jaloneos y algunos golpes.

173

Fue en ese instante cuando uno de los integrantes de Sentimiento Norteño, se dice que el vocalista Jerónimo Aguilar Gómez, sacó una pistola calibre .9 milímetros con la que disparó en dos ocasiones sobre Sánchez Crocker, lesionándolo en una pierna. El segundo disparo se impactó en una camioneta de servicio del propio restaurante familiar.

Tras el intento de homicidio, los integrantes de Sentimiento Norteño abordaron una camioneta modelo Suburban color verde, con franjas doradas en los costados y matrícula DMY 4473, del estado de Chiapas, con la que huyeron del lugar.

Roberto Elías Sánchez Crocker fue trasladado a un hospital, donde se inició la averiguación previa 000629/FS94-T2/2008.

Horas después, con datos proporcionados por testigos y el propio lesionado, elementos de la Policía Ministerial de Comitán detuvieron a Daniel Ramos González y a los hermanos Jerónimo, José Roselín, Guillermo Caralampio y Jesús Aguilar Gómez, integrantes de Sentimiento Norteño, en un domicilio ubicado en la segunda sección del barrio de la Cruz Grande, de donde fueron trasladados al Centro de Readaptación Social Número 10 en Comitán (Cereso), acusados de tentativa de homicidio.

Para obtener su libertad, al grupo se le impuso en total una fianza de 120 mil pesos como reparación del daño; sin embargo, al no contar con el dinero, tuvieron que vender parte de sus instrumentos musicales.

Mientras esto ocurría, y aún recluidos, Sentimiento Norteño se vio imposibilitado para actuar en varios conciertos que ya tenía pactados, por lo que también enfrentaron demandas por incumplimiento de contrato.

Secuestro y asesinato (12 de octubre de 2010)

Dos años después de aquel episodio, dos de los integrantes de Sentimiento Norteño, los hermanos Guillermo Caralampio y José Roselín Aguilar, misteriosamente desaparecieron. Aunque el resto de los integrantes del grupo confiaban en que sus compañeros aparecerían con vida, 24 horas después, el vehículo en el que viajaban los músicos fue localizado abandonado en una gasolinera denominada Villatoro, al sur de Comitán. Se presume que ahí lo dejaron ellos mismos.

Once días pasaron; el domingo 24 de octubre, Jerónimo Aguilar Gómez, líder de Sentimiento Norteño, convocó a una rueda de prensa para informar que existía ya en la Fiscalía de Distrito una denuncia penal por la desaparición de sus hermanos, aunque aseguró que éstos nunca fueron "levantados ni secuestrados", pues no se había solicitado algún rescate. "Estoy seguro de que no fue un levantón como dicen; cuando unos compas llegan a levantarte es para matarte y al poco tiempo apareces muerto, pero esto no es así. Un secuestro tampoco es porque ya nos hubieran llamado para pedirnos dinero, pero no lo han hecho".

Jerónimo Aguilar Gómez precisó que horas antes de la desaparición de sus hermanos, unos hombres habían hablado por teléfono a su domicilio, pues estaban interesados en contratar al grupo para una presentación en Veracruz. "Queremos una tocada, pero estamos en una de las salidas de la ciudad y queremos hablar con ustedes para hacer el contrato", fue lo que dijo el sujeto al teléfono, pero pidió hablar directamente con Guillermo Caralampio.

El desconocido habría convencido a Guillermo Caralampio de trasladarse a un restaurante ubicado junto a la gasolinera Villatoro para firmar el contrato. Cuando éste se preparaba para salir a la cita con el supuesto cliente, su hermano José Roselín le pidió un "aventón", pues pretendía visitar a su novia.

Durante las siguientes tres horas, Guillermo y su hermano José mantuvieron contacto a través de sus teléfonos celulares, pero llegó un momento en que la línea de Caralampio sólo timbraba, por lo que no volvieron a tener comunicación. "Mis hermanos se estuvieron comunicando con nosotros desde las ocho y media que se fueron con los chavos esos, pero fue hasta las once que ya no volvimos a saber más de ellos; yo les estuve marcando pero sus teléfonos me mandaban directamente a buzón. Confiamos en Dios para que aparezcan vivos, mi hermano [José Roselín] es mi mano derecha, es parte fundamental del grupo", afirmó el líder de Sentimiento Norteño.

Cuando se le cuestionó sobre un probable secuestro, afirmó tajante:

Pos que me digan qué, cómo o cuál fue el motivo por el cual se llevaron a mis hermanos, no sé nada y no entiendo, nosotros no tenemos enemigos; si bien es cierto, hemos crecido a pasos agigantados, pero es por el éxito que hemos tenido, nosotros no escogemos a la gente a la que le cantamos, si son malos o son buenos, nosotros no lo sabemos, lo único que hacemos en hacer los que sabemos: cantar.

Sepultados

Tal parecía que la misteriosa desaparición de los hermanos Guillermo Caralampio y José Roselín no se esclarecería, pues habían ya pasado cerca de dos meses sin que se tuviera noticia de ellos. Pero a finales de diciembre de 2010, un operativo conjunto entre la Procuraduría General de Justicia del Estado de Chiapas, la Secretaría de Seguridad y Protección Ciudadana y el Ejército mexicano, lograron la detención de un sujeto del sexo masculino llamado José Inés Landero Barreto, alias *el Apestoso* o *el Indio*, a quien se le investigaba por su probable participación en los delitos de violación a la Ley General de Arma de Fuego y Explosivos, delincuencia organizada y homicidio.

En su declaración ante el Ministerio Público, José Inés Landero Barreto confesó dedicarse al trasiego de droga y armas de fuego que traía desde Centroamérica y almacenaba en el rancho de su propiedad, denominado El Fresno, ubicado cerca de la comunidad de El Pirul, en el municipio de Benemérito de las Américas, zona fronteriza con Guatemala.

Ahí le fue decomisado un arsenal consistente en tres rifles calibre .22, dos escopetas, un arma larga tipo AR-15, una pistola calibre .380 y decenas de cartuchos útiles de diversos calibres.

Pero su confesión dio un giro a la investigación cuando reveló ser el asesino de los hermanos Guillermo Caralampio y José Roselín Aguilar Gómez, integrantes del grupo musical Sentimiento Norteño, cuyos cuerpos tenía sepultados en una fosa clandestina dentro de su misma propiedad.

José Inés Landero Barreto, *el Apestoso*, dijo que el martes 12 de octubre de ese año había estado en una gasolinera con los hermanos Aguilar Gómez, a quienes invitó a ir a su rancho. Estando ahí, comenzaron a beber, pero "al calor de las copas" discutieron y "se le fue la mano" al sacar una pistola con la que disparó sobre Guillermo Caralampio. Su hermano José Roselín trató de defenderlo, pero también fue baleado.

Después de cometidos los crímenes, enterró los cuerpos en una fosa clandestina que cavó en su propia finca.

Autoridades de la Procuraduría General de Justicia del Estado, peritos y elementos del Servicio Médico Forense (Semefo), se trasladaron el jueves 30 de diciembre hasta el rancho El Fresno para realizar la exhumación, presuntamente de Guillermo Caralampio y José Roselín Aguilar Gómez. Los cuerpos fueron localizados en avanzado estado de descomposición y trasladados al Semefo de la ciudad de Palenque, donde se les realizó la necropsia de ley. En el anfiteatro fueron plenamente identificados como los músicos extraviados desde el 12 de octubre. Días después, en un trabajo de inteligencia, la policía logró detener también a Eleno Landa Ortiz, originario del estado de Guerrero, y a Carlos Enrique Monzón, de origen guatemalteco, cómplices de José Inés Landero Barreto, quienes fueron trasladados al penal El Amate, en Cintalapa, para enfrentar los cargos.

A punto de ser "levantado"

En un intento de venganza por parte del crimen organizado, seis días después de la detención del traficante y homicida de los hermanos Guillermo Caralampio y José Roselín Aguilar Gómez (José Inés Landero Barreto, alias *el Apestoso* o *el Indio*), un comando armado que viajaba en una camioneta color negro, modelo Toyota, con placas de circulación guatemalteca, intentó cerrarle el paso al automóvil en que viajaba Jerónimo Aguilar Gómez, líder del grupo Sentimiento Norteño, quien poco antes había salido de su domicilio, ubicado en la sexta calle Norte Poniente.

En una rápida acción, Jerónimo Aguilar Gómez logró esquivar el vehículo que lo perseguía por calles de la ciudad, mientras lograba comunicarse con la policía municipal. Los elementos policiacos trataron de ubicar la unidad sospechosa, pero finalmente logró escapar.

Otra ejecución

La noche del lunes 19 de abril de 2012, Guadalupe García Rodríguez, de 46 años de edad, suegra de Jerónimo Aguilar Gómez, líder de Sentimiento Norteño, fue ejecutada en el interior de un
restaurante de su propiedad, ubicado en el rancho El Amate, en
el ejido Arturo Albores, en Comitán, Chiapas, por un sujeto desconocido que le disparó en tres ocasiones con un arma calibre
.22. La mujer recibió dos impactos de bala en el rostro y uno más
en la mano derecha. La indagatoria señaló que presuntamente
se había tratado de un intento de asalto y que no tenía nada que
ver con represalias o una venganza en contra del líder del grupo
norteño.

Pero como suele suceder en esta lucha en contra de la delincuencia, el crimen de Guadalupe García Rodríguez podría ser
uno más de los muchos que seguirán sin resolverse.

Armas de alto poder en las portadas de sus discos

Yo no sé lo que me pasa, pero algo me está fallando, me siento desesperado, y hay veces [que] no sé dónde ando, tal vez ha de ser la muerte la que me haya estar buscando. Yo sé que voy a morirme, no sé ni dónde ni cuándo, pero la muerte me espera.
Fragmentos de la canción "Contrato con la muerte".
FABIÁN ORTEGA PIÑÓN, EL HALCÓN DE LA SIERRA,
del álbum *La chuparrosa*, 2001.

La mayor parte del repertorio musical de Fabián Ortega Piñón, *el Halcón de la Sierra*, estaba conformado por narcocorridos. Sus temáticas eran fuertes y controversiales. Hablaba de la venta y del tráfico de mariguana, del consumo de cocaína, de la violencia en la frontera norte, de las virtudes de Jesús Malverde, el santo de los narcotraficantes, y de las historias de vida y sangre de los capos del narcotráfico como Joaquín *el Chapo* Guzmán o los hermanos Beltrán Leyva.

Pero, más allá de la interpretación de este género musical, tan polemizado, *el Halcón de la Sierra* vivió en carne propia sus mismas historias, y como ellas también terminó sus días, acribillado y abandonado como un animal.

19 de octubre de 2010

Fabián Ortega Piñón, *el Halcón de la Sierra*, había estado por la mañana en los juzgados penales de la ciudad de Tepic, Nayarit, para firmar, como lo venía haciendo cada semana, el libro de libertad condicional por un proceso penal que desde hacía más de un año se le seguía por el delito de posesión de drogas. Esa fue la última vez que se le vio con vida.

El Halcón de la Sierra debería haber llegado durante la tarde al poblado de Babícora, Chihuahua, donde por la noche su familia y amigos tenían previsto celebrar una fiesta de cumpleaños.

De acuerdo con reportes policiacos, horas más tarde, tres cuerpos colocados en fila y ejecutados con varios impactos de bala fueron localizados por pobladores sobre un tramo carretero, a unos 10 kilómetros de Tomochi de Guerrero, cerca de la Junta de Lozano, en Chihuahua. Estos cuerpos serían identificados como los de Jesús Eduardo Ortega Delgado, de 25 años; Manuel Sáenz Medina, de 21, y Fabián Ortega Piñón, el Halcón de la Sierra, de 28.

En el lugar del crimen fueron hallados más de 80 cartuchos percutidos de armas calibre .223 y 9 milímetros.

Nexos con el crimen

La tarde del jueves 30 de julio de 2009, elementos del Ejército mexicano y de la policía federal realizaron un operativo conjunto en el puerto de Ensenada, Baja California, donde aseguraron a varias personas vinculadas con el narcotráfico y el crimen organizado, entre ellas a Fabián Ortega Piñón, el Halcón de la Sierra; Candelario Arceaga Aguirre, alias el Cande, identificado como operador financiero del sanguinario narcotraficante Eduardo Teodoro García Simental, el Teo o el Tres Letras —aprehendido el martes 12 de enero de 2010 en su casa de descanso de La Paz, Baja California, acusado de ordenar la ejecución de más de 300 personas a través de su lugarteniente Santiago Meza López, alias el Pozolero, quien los convertía en "caldo", disolviendo sus cuerpos en bidones llenos de sosa cáustica, para luego arrojarlos a una fosa séptica—, jefe de sicarios del cártel de Sinaloa en Tijuana y uno de los narcotraficantes más buscados por la Agencia Antidrogas de Estados Unidos (DEA, por sus siglas en inglés), a bordo del yate María Alondra I, anclado en el muelle portuario y en el cual se celebraba una narcofiesta.

Al ver la presencia militar, los tripulantes arrojaron al mar sus celulares y equipo de comunicación, no así dos armas largas, tres cortas, dos cargadores, un kilogramo de droga sintética conocida como *cristal*, 20 mil dólares, 844 cartuchos útiles y dos automóviles de modelo reciente.

Los detenidos, junto con otras 22 personas, fueron llevados al Cuartel Morelos II, de la Segunda Zona Militar en Tijuana, donde quedaron a disposición. Por su relevancia, sólo cuatro de ellos: Fabián Ortega Piñón, *el Halcón de la Sierra*; Candelario Arceaga Aguirre, alias *el Cande*; Cristian Jesús Rojas y Raúl Zavala Torres, fueron presentados ante los medios de comunicación, mientras que el resto se canalizó a las instalaciones de la Procuraduría General de la República en calidad de presentados, ya que se comprobó que sólo eran invitados de la fiesta.

El Cande declaró que era el encargado de los "cortes" de droga para entregarlos a los denominados *cocineros* —procesadores de droga en laboratorios clandestinos— en la municipalidad de San Antonio de los Buenos, en el centro de Tijuana. Dijo ser además dueño de varias propiedades y ranchos en Playas de Rosarito, cerca de la frontera con los Estados Unidos.

Por su parte, *el Halcón de la Sierra* declaró tener amistad y relación cercana con *el Cande*, pero negó dedicarse al narcotráfico. No obstante, el Juez Segundo de Distrito en Procesos Penales Federales de Nayarit, Carlos Alberto Elorza Amores, encontró suficientes elementos para acusar al cantante y a los tres detenidos de delincuencia organizada, portación de armas prohibidas y tráfico de drogas, quedando formalmente presos en el Penal de El Hongo, en Tecate, Baja California. *El Cande* fue enviado al Penal de Puente Grande, en Jalisco.

En noviembre de 2010, ante la falta de pruebas, *el Halcón de la Sierra* obtuvo su libertad condicional con la consigna de acudir cada semana a firmar el libro de procesos. Tras su salida, afirmó a través de su página oficial que él sólo había asistido a esa fiesta a cantar, por lo que era inocente.

Yo sólo estaba haciendo mi trabajo, como cualquier otro artista lo haría, nosotros nunca investigamos quién nos contrata ni a dónde vamos a cantar.

Quiero darle las gracias a toda la gente que estuvo pendiente de lo que me pasó... a la gente que me tuvo en sus oraciones.

La verdad, a nadie se le desea lo que yo pasé adentro de la cárcel y, como dice el dicho, "la verdad siempre sale sobre la mentira", yo soy inocente de lo que [se] me acusaba.

Desde que pasó esto [su detención], la vida me ha cambiado. Sentía mucho temor. Veía a los soldados y tenía miedo, pero simple y sencillamente fue una equivocación. Como te puede pasar a ti, y donde quiera hay inocentes, ahí todos éramos inocentes.

Con 28 años de edad y 36 discos grabados

Fabián Ortega Piñón nació en el municipio de Gómez Farías, Chihuahua. Realizó 36 discos, en los que su principal ingrediente eran los narcocorridos, temas en su mayoría temerarios y descriptivos, haciendo siempre honor a la muerte y a la tragedia. Entre sus más conocidos corridos están el de *Jesús Malverde*, *El gallo jugado*, *El corrido del 8*, *Negocio cuajado* —cantado a dueto con Valentín Elizalde— y *Contrato con la muerte*, esta última en cuya letra inconscientemente vaticinaba su propio destino: "Yo no sé lo que me pasa, pero algo me está fallando, me siento desesperado, y hay veces, no sé dónde ando, tal vez ha de ser la muerte la que me haya estar buscando./Yo sé que voy a morirme, no sé ni dónde ni cuándo, pero la muerte me espera".

Imágenes del narco

Aunque Fabián Ortega Piñón, *el Halcón de la Sierra*, aseguraba no tener vínculos con el crimen organizado ni con el narcotráfico, la ostentosidad a la que estaba acostumbrado y el gusto por portar joyas de oro, esclavas, anillos y collares, y aparecer en las fotografías de sus portadas de discos luciendo armas de alto poder, contrastaba con sus propias palabras.

En los discos *La chuparrosa* y *Tus lindos ojitos*, el *Halcón de la Sierra* aparece sosteniendo un rifle de asalto AR-15. En las portadas de los álbumes *Recordando un amigo*, *Mi Texana 100x* y *El mero Chaka*, exhibe un fusil AK-47 calibre 7.62 y un cargador.

En otro disco, *Me gusta tener de a dos*, vuelve a intimidar con una subametralladora Ingram calibre .9 milímetros. En *Corrido del 8* franquea una camioneta *pick up*, mientras levanta un *cuerno de chivo*.

Una fuente cercana al cantante aseguró que esas armas eran verdaderas. Entonces, ¿de dónde obtenía esos rifles de asalto para las portadas de sus discos? Evidentemente, tendría alguna conexión con el narco.

El lunes 30 de agosto de 2010, Édgar Valdez Villarreal, *la Barbie*, narcotraficante estadounidense de origen mexicano, fue detenido por la policía federal en una casa del municipio de Lerma, Estado de México. En su confesión, dijo que los cárteles mantienen relación cercana con casi todos los cantantes gruperos, y reveló que regularmente se les mata cuando muestran su preferencia o complacencia por bandos o cárteles contrarios, o en algunos casos cuando no quieren ir a cantar a sus fiestas.

Tras esa declaración de *la Barbie*, Fabián Ortega Piñón respondió que él no tenía relación cercana con narcotraficantes, y que todo lo que había ganado, así como las joyas que recurrentemente portaba, eran producto de su esfuerzo y trabajo sólo dentro de la música.

Dos meses después, Fabián Ortega Piñón, *el Halcón de Sinaloa*, fue ejecutado.

Masacrado en un estacionamiento

Muchas gracias a la gente por su asistencia y apoyo el día de ayer,
gracias por hacernos parte de ustedes... los esperamos hoy de nuevo.
Twitter personal de **Alberto Lizárraga**, *el Junior*,
9 de marzo de 2011.

En 1938, su abuelo, el músico clarinetista Cruz Lizárraga Lizárraga (1918-1995), creó en el municipio de El Recodo, Sinaloa, la agrupación regional más famosa de todos los tiempos: La Banda El Recodo, una institución musical conformada por 17 elementos, cuya leyenda y reconocimientos le han valido los títulos de La Madre de Todas las Bandas y La Banda de México. "Una banda que ha llevado su música a todos los rincones de la tierra. Hemos tenido éxito en los cinco continentes. Sí, es mucha responsabilidad, pero lo hacemos con todo gusto", dice Mario Alvarado, trompetista del grupo.

En la historia de la Banda El Recodo han surgido músicos y cantantes de exitosa trayectoria, que con el tiempo decidieron forjar su propia carrera de manera independiente. Conrado Calderón, Julio Preciado, Carlos Sarabia, Luis Antonio López *el Mimoso* y los hermanos Joel y Germán Lizárraga son sólo algunos de los pilares de esta banda sinaloense que han permanecido vigentes y activos, aun con la llegada de nuevas bandas y ritmos musicales.

En el año 2002, Germán Lizárraga, primogénito de don Cruz Lizárraga, compositor, arreglista y también clarinetista, decidió separarse de la Banda El Recodo para formar su propia agrupación, La Banda Lizárraga, hoy Banda Estrellas de Sinaloa, con la que reclutó a 16 versátiles músicos, uno de ellos su sobrino, el cantante y músico Alberto Lizárraga Ibarra, *el Junior* (cuya carrera inició con la Banda Zacate, luego se integró a la Banda Mr.

Lobo, propiedad de su padre, posteriormente a la de su tío, Germán Lizárraga, y después a la Banda MS), hijo de su hermano, el vocalista y clarinetista Alberto *Beto* Lizárraga.

"Desde que nació él [Alberto Lizárraga, *el Junior*], tuvo mucho entusiasmo en la música, estudió teclado, piano y clarinete, empezó muy chico en la Banda Zacate y siguió con otras; hace días me lo encontré en la radio y platicamos de la nueva agrupación en la que estaba, andaba muy ilusionado, con muchas ganas", relató Germán Lizárraga al periódico *El Noroeste*.

El Junior tenía 27 años de edad, se había unido recientemente a la Banda La Sinaloense, y aún tenía varios proyectos artísticos y personales por concretar. Pero las balas de un grupo criminal truncaron súbitamente su camino y sus aspiraciones...

8 de marzo de 2011

Junto con la Banda La Sinaloense había actuado en la zona conocida como Olas Altas, en el puerto de Mazatlán, como parte del tradicional Carnaval 2011; luego se dirigió a la discoteca Show Disco Center Antares, ubicada sobre la Avenida del Mar, frente al malecón del puerto, donde un día antes había tenido la primera de dos presentaciones con su grupo.

Apenas unas horas antes, había escrito en su cuenta personal de Twitter el que sería su último mensaje: "Muchas Gracias a la gente por su asistencia y apoyo el día de ayer, gracias por hacernos parte de ustedes... los esperamos hoy de nuevo", Alberto Lizárraga, *el Junior*.

Durante la madrugada del día miércoles 9 de marzo, *el Junior* concluyó su presentación en la que alternó con el también cantante grupero Gerardo Ortiz. Cerca de las 05:30 horas de la madrugada, después de haber finalizado su actuación, platicaba con varios de sus músicos en el estacionamiento de la discoteca cuando varios hombres encapuchados, fuertemente armados con fusiles AK-47, descendieron de dos camionetas para iniciar un ataque directo sobre las más de 40 personas que en ese momento se encontraban dispersas en el sitio.

Cinco personas, identificadas como Luis Gárate Calleros, de 34 años; Gustavo Gárate Terán, *el Pipas*; de 25 años, Manuel Antonio Sandoval Castañeda, de 21 años; Patricia de la Paz Vega, de 19 años, y Alfredo Sánchez Araujo, de 21 años, fallecieron en el lugar.

Unas 20 personas más resultaron gravemente heridas, entre ellas Alberto Lizárraga, *el Junior*, quien horas más tarde murió en un hospital debido a las heridas y a la hemorragia interna producida por los múltiples impactos de bala que recibió en el cuerpo y en la cabeza.

En minutos, más de una veintena de elementos de la policía ministerial y del Ejército mexicano acordonaron el estacionamiento de la Show Disco Center Antares, donde se localizaron más de 50 cartuchos percutidos de armas de alto poder. Ninguno de los agresores logró ser detenido.

En su cuenta de Twitter, *Poncho* Lizárraga, tío del *Junior* y líder de La Banda El Recodo, lamentó los trágicos acontecimientos que le costaron la vida a su sobrino: "Nuestro más sentido pésame para los familiares de Alberto Lizárraga *Junior*. Con profunda tristeza nos unimos a su dolor y le pedimos a Dios por que su alma tenga descanso eterno. Se nos adelantó un gran músico, pero sobre todo un gran ser humano. Descanse en paz *Junior*, siempre estarás en nuestros corazones. Hay días que no logramos entender por qué suceden ciertas cosas, hoy es uno de esos días".

Luego de que el Semefo realizara la necropsia de ley, los restos del *Junior* fueron entregados a sus familiares y trasladados a una funeraria en la avenida Quijano, en el centro de Mazatlán, donde fueron velados ante el dolor de su pequeña hija de cinco años de edad.

El día jueves 10 de marzo, el féretro de madera rojo con los restos del *Junior* fue trasladado a la parroquia de San Carlos Borromeo, en la colonia Palos Prietos, donde se ofició una misa de cuerpo presente.

Colmada de llanto y lamentaciones, la homilía del músico y cantante estuvo impregnada por un ambiente de tristeza y dolor, pero sobre todo de indignación por su homicidio. Al medio día, sus restos fueron trasladados a su última morada en la cripta familiar del Panteón Renacimiento, en Mazatlán.

Durante el sepelio, *Poncho* Lizárraga manifestó nuevamente su pesar:

La verdad que cuando supimos la noticia fue algo muy triste, y en su momento llegamos a pensar en una cancelación, pero llegamos a remontarnos a palabras de don Cruz Lizárraga de "el *show* tiene que continuar"... así que el *show* tiene que seguir.

Desafortunadamente, a veces nos encontramos en lugares donde no debemos de estar, nosotros sólo nos ponemos en manos de Dios y no sabemos ni lo que vaya a pasar aquí afuera, incluso ustedes mismos con tantos empujones pueden llegar a salir lastimados. Hay que ser positivos y optimistas de que las cosas se van a componer.

Alberto Lizárraga, padre del *Junior*, también hizo evidente su indignación por el crimen de su hijo: "Llegaron con trajes de los judiciales federales y no sabes si te vienen a proteger o a matar... fueron como unas 20 personas. Quedaron muertos dos instantáneamente y ahorita con mi hijo, van ocho muertos".

Terminó un curso de música y esperaba diplomarse

En una entrevista realizada por la periodista Isela Morales al músico Germán Lizárraga, publicada en la página web del periódico *Noroeste* (www.noroeste.com.mx/publicaciones.php?id=668290&id_seccion), el líder de la Banda Estrellas de Sinaloa recordó que Alberto *el Junior* Lizárraga acababa de graduarse de un curso de música especializada en la Escuela de Tambora Sinaloense:

Aunque él ya estaba preparado, era muy estudioso y estaba tomando un curso porque quería hacer un diplomado; el jueves de la semana pasada, *Poncho* y yo le entregamos un reconocimiento.

En primer lugar, me duele porque era mi sobrino; en segundo, me siento ofendido igual que el gremio de músicos, estamos consternados por lo que está pasando, perdimos a mi sobrino y a Gustavo Gárate, *el Pipas*, mientras que otro de los heridos, también de la banda, está luchando por sobrevivir, porque tiene un balazo en el pulmón.

¿Secuestro o intimidación?

El atentado de Mazatlán es un atentado en el que yo pienso que no fue
hacia mí, y el segundo atentado yo pienso que tampoco fue hacia mí;
sólo estuve en el lugar que no debería de estar.
GERARDO ORTIZ, *Primer Impacto*, Univisión, marzo de 2011.

Apenas el martes 8 de marzo de 2011, Gerardo Ortiz había escrito un mensaje en su cuenta de Twitter (@gerardoortiznet), en el que se mostraba consternado por la muerte del cantante Alberto Lizárraga, *el Junior,* ex integrante de la banda Estrellas de Sinaloa y clarinetista de Banda Sinaloense, quien había sido asesinado a tiros a las afueras de la discoteca Antares, en Mazatlán, Sinaloa, sólo unas horas después de que él también actuara en ese mismo lugar. "Mis más sinceras condolencias a las familias de los fallecidos esta mañana en Mazatlán. Muchas gracias a mi público por todo el apoyo y cariño!!!", escribió en esa ocasión.

Casi para finalizar ese mismo mes, el también llamado *Hijo de Sinaloa* vivió su propia historia de violencia en la que estuvo a punto de morir.

20 de marzo de 2011

Gerardo Ortiz había finalizado su actuación en el Megapalenque de Villa Álvarez, Colima, y junto con su padre, Gerardo Ortiz; su representante y primo, Abel Valle Rosales, de 59 años de edad, el chofer Ramiro Caro, de 31 años, y una mujer que luego sería identificada también como su familiar, abordó la camioneta modelo Suburban gris, con placas del estado de Jalisco, para dirigirse a un hotel donde esa noche dormiría en la capital colimense.

Pero cuando apenas salía de las instalaciones del Megapalenque, la camioneta del cantante fue alcanzada por otra en la que viajaban varios hombres armados con fusiles AK-47, quienes comenzaron a disparar sobre el artista y sus acompañantes.

En instantes, varios impactos de bala acertaron en los cuerpos de Abel Valle Rosales y del chofer Ramiro Caro, quien perdió el control del vehículo, provocando que éste saltara sobre un camellón y terminara impactándose contra un árbol.

Un reporte emitido por la policía municipal de Colima aseguraría que, tras el ataque, los pistoleros descendieron del vehículo y "levantaron" a Gerardo Ortiz y a su padre, dejando a la mujer herida y a los dos hombres fallecidos en el lugar.

No obstante, otra versión afirmaría que, una vez realizada la agresión, los sicarios habrían escapado, sin confirmar quiénes habían quedado muertos o aún con vida.

Un comunicado descarta el secuestro

Dos días después del ataque, sin ofrecer mayores detalles, Sara Pérez Cisneros, encargada del área de prensa de la empresa de representaciones DEL Records, comisionada para realizar el manejo promocional artístico de Gerardo Ortiz, envió un comunicado a todos los medios para informar que el cantante y su padre estaban sanos, aunque continuaban consternados por la muerte de su chofer y representante: "Les informamos que Gerardo Ortiz está bien físicamente, pero devastado y consternado. Espera que comprendan su pena", decía el mensaje. En el documento también se informaba escuetamente que Gerardo Ortiz se encontraba en el estado de California, sin precisar en qué parte.

A través del Twitter del cantante también se difundió otro mensaje en el que se advertía que "por obvias razones no dará entrevistas a ningún medio de comunicación y agradece al público en general, a sus fans y medios de comunicación por el apoyo".

Sin embargo, ocho días después, el periodista Tony Dandrades, de la cadena estadounidense Univisión, logró dar con el paradero de Gerardo Ortiz, con quien pudo platicar sobre el atentado en una entrevista que fue difundida en el programa de televisión *Primer Impacto*.

A la pregunta tajante del periodista: "¿Quién te quiere matar?", Gerardo Ortiz respondió: "El atentado de Mazatlán —donde murió Alberto Lizárraga, *el Junior*— es un atentado en el que yo pienso que no fue hacia a mí, y el segundo atentado yo pienso que tampoco fue hacia mí, sólo estuve en el lugar que no debería de estar".

Cuando le preguntó si alguna vez había sido auspiciado económicamente o tocado en alguna fiesta de narcotraficantes, el intérprete y compositor contestó titubeante: "No, no me ha tocado, fíjate que yo, este... a mí no me pagan para hacer mi música, yo creo que es algo que me nace. Sí me han hecho invitaciones a ranchos de quinceañeras, bodas, mas no sé con qué personas voy a trabajar, yo a lo único que voy es a cantarle a estas personas que quieren escuchar mi música".

Tony Dandrades le inquirió sobre los detalles del atentado del domingo 20 de marzo en Colima, y sobre las balas que quitaron la vida a dos de sus acompañantes:

> Sentí de repente un impacto, como un choque... Hubo tiros, porque murieron con tiros, entonces hubo tiros, pero en ese momento era un caos, era una confusión. Yo, cuando sentí el primer impacto, me tiré al piso. Fue la primera reacción, puse el piso. ¿Qué pasó? ¡Pum pum pum! Choqué, volamos, caímos. Lo primero que escuché es mi equipo gritando "¡Gerardo! ¡Gerardo!" Salí de la camioneta salpicado de sangre. No miré quién nos atacó".

Gerardo Ortiz no precisó cómo es que él y su padre lograron sobrevivir a las ráfagas de metralla y en qué momento se alejaron los gatilleros. ¿Realmente fue "levantado" y después soltado junto con su padre, como aseguró el informe de la policía estatal? ¿Cómo sobrevivió a las balas que cegaron la vida de dos de sus acompañantes? ¿Sólo se trató de una intimidación?

A pesar de que hoy Gerardo Ortiz se ha convertido en un fenómeno de la música regional, al revolucionar las tendencias rítmicas del corrido, innovándolo con letras poco convencionales y un sonido progresivo, la investigación en torno a su atentado no ha tenido mayores avances y, seguramente, como ha ocurrido con muchos otros casos de cantantes gruperos víctimas de la violencia, su historia también pasará al olvido.

Por sus narcocorridos han sido vinculados con capos de Sinaloa

Yo se lo dije al señor Quintero, "aquí no vas a tocar mientras yo sea secretario de Seguridad de Tijuana, aquí no tocas porque tú eres delincuente, tú eres narco".
JULIÁN LEYZAOLA PÉREZ, secretario de Seguridad Pública Municipal de Tijuana, mayo de 2010.

El lunes 13 de abril de 1987, Mario Quintero Lara y varios amigos músicos formaron en Tijuana, Baja California, el grupo regional Los Tucanes de Tijuana. Durante sus inicios, comenzaron interpretando canciones de amor y desamor, pero con el tiempo fueron agregando simpáticas melodías como *La Chona, El tío borrachales* o *El tucanazo.*

Sin embargo, a finales de los noventa comenzaron a componer y agregar a su lista de grabaciones los llamados narcocorridos. Las apologías que hacían sobre el crimen organizado pronto los llevarían a ser identificados más por este género de canciones que por su anterior repertorio.

Temas como *Vicente Zambada*, el agricultor; *Mi perico, mi gallo y mi chiva, El avión, El soldado Pérez, El Diablo, No sólo de traficante, El Borrego, La pista secreta, Socias de la mafia, Qué bonita es la parranda* y *El regreso del Chapo*, los relacionaron no sólo con la música del narcocorrido, también con presuntas amistades con capos del narcotráfico. Eso enturbiaría su exitosa trayectoria.

3 de abril de 2011

Cuando Los Tucanes de Tijuana realizaban un concierto en el palenque de la Expogan 2011, en la ciudad de Chihuahua, compartiendo el escenario con el Conjunto Primavera, se suscitó una balacera.

En las primeras informaciones se dijo que el atentado iba dirigido a los músicos de Los Tucanes de Tijuana, y que uno de sus integrantes había recibido un disparo. El blog *PuroNarco* reseña cómo ocurrieron estos hechos:

Eran aproximadamente las 02:00 horas cuando un comando armado ingresó al lugar y comenzó a disparar contra los integrantes de la agrupación.

Testigos señalan que hombres encapuchados rafaguearon el escenario, mientras que los asistentes entraron en pánico, algunos se tiraron al piso, otros corrieron, lo que provocó una estampida humana que dejó a un gran número de personas heridas.

Elementos del Ejército Mexicano se hicieron presentes y se enfrentaron con pistoleros, lo que generó más caos en el lugar, sin embargo, el grupo armado logró huir del lugar. Testigos señalan que viajaban en varias camionetas de reciente modelo.

Algunas fuentes señalan que un integrante de Los Tucanes de Tijuana resultó herido de gravedad, ya que recibió un impacto de bala en la cabeza, sin embargo, eso no se ha confirmado hasta el momento.

Por varias horas se realizó un intenso operativo por la zona con el fin de encontrar a los responsables del atentado, elementos de la Policía Única, Policía Federal y del Ejército Mexicano resguardaban el área.

Es bien sabido que Julián Leyzaola Pérez está en contra de Los Tucanes de Tijuana. La agrupación había sido vetada desde que el primero era secretario de Seguridad Pública Municipal de Tijuana.

Leyzaola mencionaba que los narcocorridos sólo engrandecían a delincuentes, fue por eso que a finales de 2008 canceló un concierto de Los Tucanes y les dijo que mientras él estuviera en el cargo ellos no tocarían en la ciudad.

Cuando Leyzaola salió de Baja California, Mario Quintero, vocalista de la agrupación señaló: "Somos el primer grupo en la historia, por lo menos en México, al que se le prohíbe tocar al aire libre en Tijuana. Que yo sepa no hay otra agrupación a la que se le prohíba tocar.

Cabe mencionar que Los Tucanes de Tijuana sufren un atentado en Chihuahua al mismo tiempo que Julián Leyzaola Pérez es titular de la Policía Municipal de Ciudad Juárez, lo cual genera muchas dudas al respecto. [www.puronarco.com/2011/04/atentado-encontra-de-los-tucanes-de-tijuana-en-chihuahua/.]

Ramón Navarro, publirrelacionista de Los Tucanes de Tijuana, 24 horas después del presunto atentado, desmintió esta versión que para entonces ya había sido difundida por todos los medios de comunicación. A través de un boletín negó que alguno de Los Tucanes estuviera herido y que el ataque haya sido dirigido hacia ellos.

Comunicado de prensa:

Por medio de la presente, se les comunica que el día domingo 3 de Abril, Los Tucanes de Tijuana se presentaron en el palenque de la Expogan, en la ciudad de Chihuahua, Chih. y el evento estuvo a su máxima capacidad, un concierto donde Los Tucanes de Tijuana y el Conjunto Primavera reunieron alrededor de 25 mil personas, en la Expogan 2011.

Se les informa oficialmente a todos los medios de comunicación, que todos los Integrantes de Los Tucanes de Tijuana están sanos y salvos y desmentimos las versiones de algunos medios locales que reportaron que uno de los integrantes fue herido.

Agradecemos al Gobierno del Estado y a toda la seguridad que estaba presente en la Expo Ganadera, y por la forma que nos cuidaron. Entendemos que el estado de Chihuahua está pasando por una psicosis de miedo y al reunirse tanta gente, cuando alguien corre, obviamente se crea el pánico entre el público presente, y la causa fue una pelea entre los asistentes y nosotros nunca escuchamos ningún disparo, sólo vimos cómo la gente empezó a correr y a nosotros nos sacaron de inmediato los elementos de seguridad de la Expogan.

La Fiscalía reiteró que es FALSO que haya habido un ataque armado en contra de los integrantes, y mucho menos que haya resultado lesionado uno de sus integrantes. Versiones de medios de comunicación locales señalaron que el ataque fue perpetrado contra los músicos en pleno concierto, cuando un comando irrumpió en el concierto esta madrugada. Incluso se mencionaba que miembros del Ejército repelieron los disparos.

Esto no es cierto, por lo cual les pedimos de la manera más atenta a todos los medios de comunicación difundir nuestro comunicado oficial.

ATENTAMENTE

Ramón Navarro

C.A.O./ Relaciones Públicas/ Prensa & TV

En su cuenta personal de Twitter, Los Tucanes de Tijuana colocaron otro mensaje: "Nadie está herido, no hubo ningún disparo, fue un evento muy bonito, hubo muchísima gente y, por cierto, un público excelente", aunque aseguraron que todo se debía a la pirotecnia del lugar.

Por su parte, Homero Navarro, vocero de la policía de Chihuahua, confirmó que los disparos se registraron a las afueras del inmueble donde se realizaba el concierto de clausura de la Expogan. "Se han hecho muchas especulaciones en torno a que los disparos se hicieron al interior de este inmueble, y que había un integrante del grupo lesionado; sin embargo, esto no ha sido cierto".

En entrevista con *Milenio Televisión*, el vocero dijo que, al realizarse una inspección en el interior de la feria, no se hallaron casquillos percutidos, por lo que se confirmó que la agresión había ocurrido a las afueras del inmueble.

Sus corridos han sido censurados

En mayo de 2010, el gobierno de Sinaloa prohibió la interpretación pública de narcocorridos, aludiendo que a través de ellos se ha instado a la violencia y al crimen en el estado.

Los Tucanes de Tijuana fueron señalados directamente como los promotores de hacer apología del crimen organizado, y se acusó a Mario Quintero, líder de la agrupación, de tener presuntos nexos con el narco debido a que durante una presentación en el Hipódromo de Tijuana, en 2008, en donde interpretaron el tema *El más bravo de los bravos*, dedicó saludos a Teodoro García Simental, *el Teo* o *el Tres Letras*, y a Raydel López Uras, *el Muletas*, conocidos narcotraficantes mexicanos. "Un saludo para *el Teo* y su compadre *el Muletas*. Arriba la maña".

De inmediato, Julián Leyzaola Pérez, secretario de Seguridad Pública Municipal de Tijuana, exigió a la PGR prohibir la difusión de los narcocorridos en el estado; además, pidió investigar a Los Tucanes de Tijuana, pues "si le cantan a los narcotraficantes es porque los conocen", dijo el funcionario público, quien además agregó: "Yo se lo dije al señor Quintero. 'Aquí no vas a tocar, mientras yo sea secretario de Seguridad de Tijuana, aquí no tocas porque tú eres delincuente, tú eres narco'".

En su defensa, Mario Quintero aclaró al diario estadounidense *Los Ángeles Times* que este tipo de acciones (enviar saludos) prevalece como una medida de seguridad propia, ya que de negarse a hacerlo significaría poner en riesgo su vida. "Si quieren un saludo y no lo envías, ellos la pueden tomar contra ti. ¿Sabes cómo me defiendo? Aceptando", dijo a la publicación.

En declaraciones publicadas el sábado 14 de agosto de 2010 en el periódico *El Universal*, Mario Quintero expresó: "No somos delincuentes, tan sólo músicos que hemos llevado el nombre de Tijuana tan alto como hemos podido con dignidad y categoría. Miles de historias interesantes nos llegan en servilletas y recados, pero eso no significa que conozcamos a los líderes de las bandas delictivas", aclaró el músico norteño en la misiva que envió a los medios de comunicación.

Un mensaje anónimo, publicado el viernes 19 de noviembre de 2010, en una nota de *El Universal*, titulada "Los Tucanes de Tijuana aclaran narco saludo" (www.eluniversal.com.mx/ espectaculos/99948.html), asegura que "gracias a la generosa ayuda de los Arellano Félix, quienes los patrocinaron en todo, ropa, instrumentos, demos, viajes de promoción, contactarlos con promotores de espectáculos y muchos etcéteras más, pudieron darse a conocer ¡sin esa ayuda, todavía andarían cantando en los bares de Tijuana! x $100 pesos la rola!"

A este respecto, Mario Quintero señaló en el blog *UnaFuente* (unafuente.sinembargo.mx/25-11-2009/no-somos-narcos-tucanes-de-tijuana/):

Todos somos víctimas de desinformación y faltas de claridad. Sabemos que algunos cibernautas han exteriorizado sus opiniones fuertes y controversiales a veces contra las mismas autoridades, utilizando como música de fondo temas que supuestamente están en nuestros discos, pero aclaramos que no es así.

Desde nuestro nacimiento, nuestro propósito principal es entretener y grabar canciones que ayuden a todos a pasar buenos momentos, distraerse, enterarse de una historia completa, según sus protagonistas, enamorarse, o tener una relación con alguien.

En la primera oportunidad, haremos un acercamiento con las autoridades correspondientes y ojalá muy pronto nos permitan regresar a nuestra querida Tijuana a llevarle música a la gente que nos vio nacer.

Pero dos días después, el domingo 21 de noviembre, y a pesar de que se presentarían en el Hipódromo de Tijuana, tierra natal de Los Tucanes —alternando con Banda Cuisillos, Banda Agua Caliente y los Discípulos de Tijuana—, fueron vetados y su baile suspendido por las autoridades municipales.

Amenazados de muerte

El domingo 26 de noviembre de 2006, un día después del asesinato del cantante Valentín Elizalde, en Reynosa, Tamaulipas, el nombre de Los Tucanes de Tijuana apareció en una lista de presuntos próximos gruperos a ser ejecutados por el crimen organizado (en la que también estaba Norberto *Beto* Quintanilla y otro cantante apodado *la Sombra*). La lista apareció difundida en el portal *Youtube.com*

Entrevistado en enero de 2007 en el programa *Primer Impacto* de la cadena Univisión, Mario Quintero dijo que esas amenazas no le inquietaban, pues se trataba de "puros chismes".

Lo que podemos decir es que esos son puros chismes, es una noticia que sacaron por ahí de una nota que se publicó en internet. Nos preocupa por el sentido que nuestra familia, nuestros hijos, nuestros amigos, nuestros fans, siempre nos hablan y [nos dicen] "oye, ¿que están ustedes [amenazados], y que los van a matar?"

Yo también exhorto a todos los medios de que sean precavidos en ese sentido, de que corroboren las noticias, de que no publiquen algo nada más porque a alguien se le ocurrió escribirlo en internet. Que confirmen las noticias, porque todo mundo está preocupado, igual nosotros. Gracias a Dios no tenemos problemas con nadie.

Yo me preocupo mucho cuando hago un corrido, porque no hay que echarle tierra a nadie, hay que ser responsables y precavidos porque no sabes a quién ofendes.

Confusión y muerte

*Era un hombre de aventuras. Pero en los últimos años,
después de probar con varios grupos norteños, le era difícil romper
con la relación de "los meguenches". Con uno de estos hermanos,
los García Peña, estaba la madrugada de ayer que lo balacearon.
Habían tomado desde temprano y ni tiempo se dieron
para ir a trabajar. Cansado, cerró sus ojos para descansar
y ahí la muerte lo sorprendió.*
Gerardo Sandoval Ortiz, reportero del diario *Vallarta Uno*,
8 de diciembre de 2011.

7 de diciembre de 2011

José Luis Marín, conocido en el ambiente musical grupero como
el Chepe, quien formara parte del conjunto norteño Los Caciques,
fue ejecutado en Ixtapa, Guerrero, durante la madrugada.

El Chepe se hallaba en el interior de un vehículo Volkswagen
color blanco, estacionado a un lado de la acera, esperando a uno
de sus compañeros que había entrado a su domicilio para recoger algunas cosas, cuando un sujeto llegó hasta la ventanilla del
auto y le disparó. Presumiblemente, el pistolero se habría equivocado, pues las primeras investigaciones indicarían que iba por
el otro sujeto. La Dirección de Seguridad Pública de la entidad
levantó el siguiente reporte en torno al homicidio del músico y
cantante:

Siendo aproximadamente las 02:00 horas, se recibió reporte de una
persona que no dijo generales, informando que por el cruce de las
calles Rodolfo R. Gómez, cruce con Revolución de la colonia San
Francisco, Delegación Ixtapa, se escuchó una detonación y se ob-

servó a personas correr, asimismo en el lugar, está un carro de la marca Volkswagen en color blanco, con las placas JDS-9466 del estado de Jalisco, con las puertas abiertas y que se observa una persona por el lado del copiloto con sangre. Al arribar la unidad PV-164 al mando del tercer oficial, Manuel Santos Bernabé, informó que se requería de la Cruz Roja, ya que había una persona lesionada, al parecer con arma de fuego, arribando la unidad de Bomberos B-37 al mando del paramédico Refugio Palomera, informando que la persona lesionada ya no contaba con signos vitales. Al lugar arribó del personal del Ministerio Público, Lic. Manuel Flores, informando que el occiso presenta una herida de bala a la altura de la ceja derecha y que vestía pantalón en color café, camisa vaquera del mismo color, botas de piel de cocodrilo, es moreno, pelo largo, de aproximadamente 40 años de edad, y que al parecer era músico, le decían el "Chepe", pero de momento quedó registrado como "N.N.". En el lugar se aseguró un cascajo de calibre 38 Súper. Quedó como presentado, quien conducía el carro VW de nombre Luis García Peña de 54 años de edad, alias "El Meguenche", con domicilio en la calle Francisco I. Madero número 238 cruce con Aldama y Matamoros de la colonia Centro de la Delegación Ixtapa. Esta persona mencionó que él escuchó el ruido del disparo, luego que se bajó del carro, donde estaba durmiendo su compañero de trabajo, ya que son músicos, pero que nunca supo quién le disparó. Arribó por parte de la PGJE, el Lic. Oswaldo Delgadillo, del Semefo la Perito Lic. María del Carmen Ramírez Cano, para recoger el cuerpo y los indicios, quedando el vehículo en el corralón de Grúas Ayón".

Esto dijo el diario *Vallarta Uno*

Gerardo Sandoval Ortiz, reportero del diario *Vallarta Uno* de Puerto Vallarta, Jalisco, dirigido por el periodista Jorge Olmos Conteras, reseñó así el homicidio del grupero:

> El asesinato de José Luis Marín, "el Chepe", la madrugada de ayer en Ixtapa, es una de esas muertes tan crueles como injustas.
> El muchacho, amigo como pocos, no se metía con nadie, no era buscapleitos ni fanfarrón, no se dedicaba a vender drogas, no las consumía.

Si algún error cometió, ese sería su necesidad y gusto por trabajar en grupos musicales norteños y su necedad de no separar sus malas compañías con el trabajo.

La ejecución del Chepe es una de esas muertes que entristecen. Prueba de la descomposición social y de la impunidad con la que actúan los testaferros desde la oscuridad. Una muestra de hasta dónde son capaces en esa absurda batalla que se libra entre malosos por algo que asumen como un negocio en su plaza. Hasta ahora, no hay ningún indicio de que el homicidio responde a otros móviles distintos a las drogas, negocio en el que, insistimos, no era el del "Chepe", aunque sí probablemente de su acompañante.

Del Chepe podemos hablar mucho. Fue amigo en las buenas y en las malas. Noble. Humilde en todos los aspectos. Siempre dispuesto a dar su ayuda, a hacer un favor. Nunca esperó recompensa por nada.

Amante de la libertad, fue por muchos años un trotamundos. Un día podía vivir en casa de su madre en la colonia Las Flores, por la calle Orquídea, y otras veces en la casa de Miguel, el hermano de Jorge y Marco Antonio Ortiz. A veces se perdía unos días para irse a vivir al Pitillal con un familiar o con amigos. No mantenía buenas relaciones con su familia por su afición al alcohol. Su último oficio, músico, iba de la mano con el consumo de cervezas.

A riesgo de que nos contradigan, no era flojo sino todo lo contario. Igual conseguía algún empleo de cocinero en algún restaurante de hotel, que iba con los italianos de la pizzería El Metro y ayudaba a preparar esa comida rápida. Sabía de cocina.

Pero lo suyo era la música. Se describía como un bohemio y cantante. Le gusta entonar las canciones compuestas por Chava Rivera, otro músico del barrio. Con regularidad era bien aceptado en fiestas familiares. Sabía armar ambiente. Fue un admirador del Güero Camba. Todo eso lo alejó de los trabajos en las cocinas. Si acaso blandía el sartén cuando cocinaba para los amigos.

Era un hombre de aventuras. Pero en los últimos años, después de probar con varios grupos norteños, le era difícil romper con la relación de "los meguenches". Con uno de estos hermanos, los García Peña, estaba la madrugada de ayer que lo balacearon. Habían tomado desde temprano y ni tiempo se dieron para ir a trabajar. Cansado, cerró sus ojos para descansar y ahí la muerte lo sorprendió.

"Los meguenches" son varios hermanos, todos dedicados a la música. En Ixtapa, todos dicen que iban por uno de ellos y confundieron al "Chepe", quien tuvo la desgracia de estar en el lugar y a la hora no indicada.

Su cuerpo inerte quedó inclinado a su costado izquierdo. Los hilillos de sangre bajaron por su robusto cuerpo. Su muerte fue instantánea. Tres balas segaron su vida. Aun vestía el uniforme de su grupo Los Caciques, sus botas de cocodrilo y su camisa a cuadros porte vaquero.

Los vecinos reportaron a la policía escuchar detonaciones de bala a eso de la una y media de la mañana. El reporte de la policía indica que a las dos de la mañana hizo acto de presencia una patrulla y tomó nota de los hechos. El cuerpo tenía un balazo y yacía ya sin vida. Aseguraron la escena del crimen y ordenaron dejar en calidad de presentado a José Luis García Peña, "el meguenche". Éste dijo que llegó al sitio del homicidio, bajó del vocho y se introdujo a una vivienda. Allá estaba cuando escuchó el balazo y salió pero no pudo ver a nadie.

Hay datos, o más bien dicho la versión del "meguenche", que no cuadra. Dijo que "el Chepe" había sostenido una discusión por teléfono con un desconocido. También contó que al llegar al depósito donde siguieron la borrachera, salieron mal con unos individuos. A unos metros de la escena del crimen está el negocio de venta de cerveza. Eso es cierto.

Pero no hay nadie que defina al Chepe como un tipo problemático. Suenan hasta sospechosas esas versiones.

El desenlace ocurrió en el cruce de Revolución con la calle Rodolfo R. Gómez de la colonia San Francisco. Es la parte alta de la colonia, rumbo al "mirador". El alumbrado público es deficiente. Es fácil perderse en la oscuridad, pues a unos metros ya las calles se tornan escarpadas y abundan terrenos enselvados. A corta distancia, una o dos cuadras de corta distancia, se puede alcanzar el cerro. Los policías que acudieron al lugar reportaron haber implementado una búsqueda por la zona, pero no detectaron algún vehículo sospechoso ni motocicleta donde pudiera huir el asesino.

Todos los amigos coinciden en lo mismo. No merecía morir de esa forma. "No le hacía daño a nadie, exclamó uno de ellos". No exageran ni se miente. José Luis Marín estaba lejos de ser un vago o malviviente. Quizá podía dar esa apariencia pero no lo era.

Nadie duda tampoco que es una víctima inocente de los grupos involucrados en el negocio de las drogas. Es un secreto a voces que aplican limpieza de lo que en su mundillo tachan de "chapulines". En Ixtapa han detectado que hay vendedores que suelen brincar el río Ameca a comprar algunas dosis a granel, las empaqueten en sus casas y aprovechan para alterar y sacar más ganancias. Otros, compran a los que se asumen como dueños de la plaza, rompen las bolsas de plástico y las alteran con otras sustancias para aumentar ganancias.

Para eso no hay permiso. Causan disgusto y vienen las represalias.

Lo anterior es un supuesto que no aplica en el caso de la trágica muerte de José Luis Marín. Sus amigos lo regañaron cuando hace unos diez años lo sorprendieron consumiendo esa sustancia blanca. Prometió dejar el vicio y, hasta donde se sabe, cumplió su promesa.

Llegaron, entraron y tiraron a matar

Sr. Chapo procurador Manuel Salas, ya te dimos los nombres de los que entraron al Far West, que son Ignacio Bernal Torres, Jorge Antonio Olivas Bernal, Ricardo González Rodríguez, encargados de la célula Gente Nueva, aver [sic] si ahora haces tu trabajo.
Narcomanta colocada en un puente peatonal sobre el Periférico R.
Almada, Chihuahua, 6 de febrero de 2012.

No eran una banda muy conocida en México, pero en Chihuahua ya tenían 14 años amenizando bailes, fiestas y tocadas. Esperaban seguir creciendo y quizás, en un futuro, trascender más allá de lo local; emular a los grandes ídolos de la música grupera, y con dedicación, trabajo y mucho empeño, alcanzar el reconocimiento internacional; pero sobre todo cosechar el cariño y aprecio de la gente.

Pero La Quinta Banda no logró alcanzar su sueño. En un abrir y cerrar de ojos se convirtieron en otro ejemplo de la violencia del crimen organizado sobre los músicos y cantantes gruperos.

5 de febrero de 2012

Llegaron puntuales a su cita en el bar Far West, ubicado en la avenida Teófilo Borunda y Calle 33, en la colonia Santo Niño, en Chihuahua.

Durante más de una hora estuvieron tocando lo mejor de su repertorio, incluido *El corrido de La Línea*, un tema que luego daría pie a una *línea* de investigación en torno al homicidio de los músicos.

Eran la 01:26 de la madrugada y el ambiente estaba a todo lo que daba. La Quinta Banda lucía impecable, con sus uniformes y chamarras amarillas que se confundían entre los destellos de las luces agolpadas en sus instrumentos musicales; tambores, tubas, trombones y platillos que retumbaban en todo el salón, mientras las parejas agitadas bailaban efusivamente al centro de la pista y al ritmo de la música.

A las afueras, una camioneta color blanco se detuvo a unos metros de la entrada principal. Varios hombres encapuchados descendieron del vehículo, portando rifles de asalto y armas de grueso calibre y penetraron al lugar, amagando a los guardias de seguridad; luego irrumpieron directamente hasta la pista de baile, justo frente al escenario, donde tres de los pistoleros se colocaron en forma de diamante, a manera de abanico: mientras dos se colocaban a las orillas para visualizar los movimientos de los empleados, clientes y músicos, el de la punta, un sujeto de aproximadamente 1.65 m de estatura, vestido con sudadera color gris, abrió fuego indiscriminadamente sobre los integrantes de La Quinta Banda.

Ráfagas de metralletas AK-47 hicieron blanco en cinco de los músicos y en otras cuatro personas que en esos momentos estaban situadas justo frente a los sicarios. En segundos, lo que antes era música y diversión, se transformó en una escena de terror, de gritos de dolor, angustia y desesperación. Una escena dantesca de violencia desmedida que quedó marcada en los cuerpos de cada uno de los masacrados y tiñó de sangre pisos, paredes, mobiliario e instrumentos musicales.

Tras la masacre, el grupo de pistoleros salió del bar Far West y abordó nuevamente la camioneta, donde ya los esperaba otro sujeto para huir rápidamente.

Una llamada telefónica alertó a la policía estatal y de inmediato varias patrullas arribaron al lugar, donde también hicieron presencia elementos ministeriales y de investigación de la Procuraduría General de Justicia del Estado.

En el interior del bar Far West quedaron regados 94 casquillos percutidos de armas calibre 7.62×39, así como tres de .9 milímetros.

Había 10 personas heridas en los alrededores de la pista de baile, con llantos lastimosos y gritos de dolor, y sobre el templete de mosaico ajedrezado, los cadáveres de cuatro músicos de La Quinta Banda: Gabriel Eduardo Rodríguez Rodríguez, de 35 años, con domicilio en la colonia Madera 65; Julio Alberto Barraza Flores, de 27 años, tarolista, con domicilio en la ciudad de Delicias; Jorge Luis Mendoza Rivera, de 32 años, primera voz, con domicilio en la colonia Santa Bárbara en la ciudad de Chihuahua, y Fernando Rivero Castañeda, de 31 años, clarinetista que residía en la colonia Obrera en esa ciudad.

Marco Antonio Murguía Rojas, de 30 años, con domicilio en la colonia Centro, en la misma ciudad, trombonista y representante de La Quinta Banda, recibió también varios disparos, pero fue trasladado aún con vida al Hospital General, y falleció a los pocos minutos de haber ingresado.

A unos metros, junto a la pista de baile, se hallaron otros cuatro cadáveres: dos del sexo masculino que fueron identificados como Julio César Reyes Ocaña, de 31 años, y Vicente Romero Cruz, de 33 años, ambos dedicados al comercio; así como dos del sexo femenino: Elizabeth Zafiro Quintana, de 25 años, quien vivía en la colonia Vistas Cerro Grande y se desempeñaba como elemento de la policía municipal, pero aparentemente ese día se encontraba de descanso —estaba embarazada—. Al parecer, llevaba su arma oficial, con la que enfrentó a los sicarios, hiriendo a uno, pero otro más la acribilló junto a su acompañante, Rocío Zúñiga Sánchez.

Heliodoro Araiza Reyes, titular de la Dirección de Seguridad Pública Municipal (DSPM), aseguró que Elizabeth Zafiro no portaba su arma de cargo.

Líneas de investigación

Carlos González, vocero de la Procuraduría de Justicia del Estado de Chihuahua, dijo que, en apariencia, el ataque tenía como objetivo principal ejecutar a miembros de La Quinta Banda, ya que sin mediar palabra los sicarios llegaron directamente hasta ellos para asesinarlos.

Aunque la banda redujo su carga de trabajo en los últimos meses, se creía que habían amenizado alguna fiesta de narcotraficantes en los ranchos de Chihuahua, lo que para los investigadores sugirió una cercanía con personas peligrosas o relacionadas con el crimen organizado.

El lunes 6 de febrero de 2012, el fiscal general del estado, Carlos Manuel Salas, dijo en conferencia de prensa que una de las líneas de investigación en torno al asesinato de los integrantes de La Quinta Banda podría ser la interpretación que el grupo hizo durante su presentación en el bar Far West del *Corrido de La Línea*, un tema que enaltece a esta célula delictiva, y que "prendió la mecha a los integrantes de otro grupo criminal", cuya represalia fue la ejecución inmediata de la banda.

Dice en su letra:

> De corridos a corridos les voy a echar hasta el ruedo
> No sé ni cómo empezarlos, esa gente de respeto
> que trae comandos de linces y con los nervios de acero.
> Las radios en sus frecuencias claves especializadas
> la raza se encuentra al 100 y más ésa de Chihuahua,
> esa gente de la línea no se raja para nada.
> Más vale que estén bien puestos, no les traten de brincar
> que está muy bajito el cerco y lo pueden lamentar.

Como parte de la investigación, también se reveló que uno de los músicos asesinados, Alberto Barraza Flores, era hermano del delantero del equipo de futbol de primera división Atlas: Jahir Barraza.

Un comunicado de prensa enviado a todos los medios de comunicación a través de las cuentas de Twitter y Facebook del club deportivo, lo confirmó:

> El consejo directivo del Club Atlas, cuerpo técnico, jugadores y fuerzas básicas se unen a la pena que embarga a nuestro jugador, compañero y amigo JAHIR BARRAZA FLORES, a sus familiares y amigos, por el sensible fallecimiento de su hermano JULIO ALBERTO BARRAZA FLORES. Elevamos nuestras oraciones por su eterno descanso.

Apenas tres días antes, La Quinta Banda había subido a su perfil de Facebook su último mensaje, en el que confirmaban su presencia en el complejo La Cerve, una plaza comercial de primer nivel en el estado de Chihuahua, y anunciaban sus próximas presentaciones: una tardeada en el Salón Jardín Español, en Parral, y otra participación en Santa Bárbara, California: "así q ya sabe pariente!!! Nos vemos HOY HOY HOY en la reinauguración del complejo LA CERVE!! Con unas bien heladas y claro el mejor ambiente que sólo La Quinta Banda sabe hacer!!! No falten!!! Ay ay ay!!!"

Colocan narcomantas

Poco antes de la medianoche del martes 6 de febrero de 2012, sólo un día después de los acontecimientos en los que perdieran la vida varios integrantes de La Quinta Banda, y durante las primeras horas de la mañana del día 7, sujetos desconocidos colocaron seis narcomantas en diversos puntos de la ciudad de Chihuahua, refiriéndose a la masacre de los músicos.

Los mensajes iban dirigidos al fiscal general Manuel Salas, y estaban situadas una sobre el puente del Periférico R. Almada, a la altura de los Corrales de Oviedo, al sur de la ciudad; la otra en la avenida 20 de Noviembre y 56, en la malla ciclónica de la escuela primaria Rotaria número 6; una más en la avenida Tecnológico y José Martí; la cuarta en el puente peatonal de la calle J. J. Calvo y Pacheco, y una restante en la calle 56. Todas fueron descolgadas y trasladadas a la fiscalía del estado para su investigación.

En varias se repetía el mismo narcomensaje: "Sr. Chapo procurador Manuel Salas, ya te dimos los nombres de los que entraron al Far West, que son Ignacio Bernal Torres, Jorge Antonio Olivas Bernal, Ricardo González Rodríguez, encargados de la célula Gente Nueva, aver [sic] si ahora haces tu trabajo".

En los escritos también se responsabiliza al fiscal de dar protección, apoyar y encubrir a dos sujetos llamados Norberto y Roberto Salgueiro, señalados como integrantes de un grupo delictivo. Además, detallaba favorecer a ciertos líderes del crimen organizado en Chihuahua.

La familia de su representante tenía nexos con el narco

Desde ayer no supimos nada de ella y hasta hoy su hermano nos informó que encontraron el cuerpo. Estoy bastante deprimido y quiero asimilar esto. El motivo de esta pérdida fue debido a la inseguridad que persiste en el país. Me siento muy consternado, era una gran amiga y me apoyó desde que inicié mi carrera de solista.

José Ángel Ledezma, *el Coyote*, 24 de febrero de 2012.

Un comunicado de prensa de la oficina del cantante grupero José Ángel Ledezma, *el Coyote*, aseguró que la mánager del artista era una mujer trabajadora y emprendedora. Pero sus antecedentes familiares estaban plenamente ligados con actividades del narcotráfico.

23 de febrero de 2012

Rosalba Alcaraz Carranza, representante del cantante grupero José Ángel Ledezma Quintero, *el Coyote*, había sido reportada como desaparecida, pero ese día su cuerpo y el de su chofer y asistente, Axel Alejandro Dueñas Pérez (identificado por su hermana Myrna Verónica Dueñas Pérez), de 37 años de edad, fueron hallados sin vida, boca abajo y en medio de un basurero, sobre la calle Inglaterra, casi esquina con Tabachín, en la colonia Fresno de Guadalajara, Jalisco.

De acuerdo con vecinos del lugar, ambos "bultos" habían sido dejados horas antes por sujetos que viajaban en dos camionetas que escaparon a toda velocidad.

Los dos cuerpos, encontrados alrededor de las 19:30 horas, presentaban huellas de tortura, tenían las cabezas envueltas en vendas, y se les habían colocado bolsas de plástico para provocarles la asfixia.

Personal de la fiscalía adscrita al Semefo realizó el levantamiento de los cadáveres e inició el acta ministerial 253/2012. Debajo del cuerpo de Axel Alejandro fue hallado un periódico con un encabezado que decía: "Narcos, los nuevos ídolos".

Rosalba Alcaraz Carranza, con 46 años de edad, 16 trabajando con *el Coyote*, tenía su residencia en Puerto Vallarta, Jalisco, y desde ahí manejaba todos los asuntos relacionados con el cantante.

Una nota firmada por el destacado periodista Jorge Olmos Contreras, director del diario *Vallarta Uno*, publicada el viernes 24 de febrero de 2012 en su dirección web, afirma que la familia de Rosalba Alcaraz Carranza estaba metida en asuntos de narcotráfico:

> Rosalba Alcaraz Carranza era hermana de Gabino Alcaraz Carranza, el promotor del *Coyote*, que en el año 2007 tuvo un accidente en circunstancias poco claras, ya que se dijo que mientras estaba acompañado de una dama, y después de varios días de andar "enfiestado", se disparó por accidente su pistola y la bala quedó alojada en su cabeza. Desde entonces, Gabino Alcaraz Carranza se retiró de todo tipo de actividades y, enfermo, se refugió en su residencia del fraccionamiento Gaviotas en Puerto Vallarta.
>
> Antes, él y su hermana fueron dos exitosos empresarios, ya que se habían asociado con *el Coyote* a través de la disquera norteamericana EMI Capitol, y cosecharon muchos triunfos con la venta de discos. Sin embargo, la sombra del narcotráfico siempre persiguió a Gabino Alcaraz Carranza [a] *el Pelón* y a sus hermanos y medios hermanos, a quienes los señalaban constantemente en versiones, rumores y comentarios de prensa de estar metidos en el narco. No fue sino hasta el año 2008 en que los miembros de la familia Alcaraz comenzaron a sufrir ataques de parte de bandas rivales del crimen organizado, al grado de que *el Sheriff* Alcaraz tuvo un atentado y salvó la vida en ese año, pero después en 2010 fue ejecutado en las inmediaciones de la población de El Ranchito, mientras que su hermano Heraclio habría sido "levantado" y su otro hermano, Saúl, sufrió otro atentado.
>
> Rosalba era hija de la ex delegada de Las Palmas, Rosa Carranza, una mujer que se afilió al Partido Acción Nacional (PAN) —junto

con otros familiares—, y que llegó a ese puesto gracias a la amistad que sostenía con el empresario de tiempos compartidos Fernando González Corona, el primer alcalde panista que tuvo Puerto Vallarta.

A Fernando González Corona se le mencionó en una ficha informativa confidencial de un agente del Ministerio Público Federal de la PGR en Vallarta, ya que lo relacionaban con *el Sheriff* Alcaraz y con Gabino Alcaraz, hermano precisamente de la hoy fallecida Rosalba Alcaraz (www.vallartauno.com/2012/02/ejecutan-en-guadalajara-a-rosalba-alcaraz-representante-del-coyote-y-su-banda-tierra-santa/).

Indignación de un lector

En la página web del periódico *El Informador* también fue publicado un comentario en el que un cibernauta reveló la posible causa que llevó al crimen de la representante de José Ángel Ledezma:

> La Sra. Rosalba Alcaraz Carranza era una empresaria muy destacada en México y en Estados Unidos, y era la representante del Coyote y su Banda Tierra Santa, y otras bandas de música; Axel era su chofer, y ellos, como muchos mexicanos, perdieron sus vidas de forma cobarde por esta guerra sin sentido que emprendió el presidente de la República, y que sólo ha servido para perder vidas inocentes. La familia de la Sra. Alcaraz ha sido objeto de muchos ataques directos en contra de sus integrantes, y ninguna autoridad hace nada para frenar dichos ataques, todo esto derivado a que se negaron a pagarles el piso a la banda que opera acá en Puerto Vallarta. Una vida más que lamentar y hoy todo el pueblo de Las Palmas, Jalisco, lloramos su ausencia, porque era muy querida en su pueblo.

Más revelaciones de la familia Alcaraz

Otra nota de la autoría del periodista Jorge Olmos Contreras, publicada en su blog personal, agrega que *el Coyote* ya había sufrido un atentado un año antes en Bahía de Banderas, Nayarit:

Asociados a través de un contrato con la EMI Capitol, José Ángel Ledesma, mejor conocido como *el Coyote*, y el presunto empresario vallartense, Gabino Alcaraz Carranza, promovieron durante una década la Banda Tierra Santa, pero la violencia alcanzó a la familia Alcaraz y al propio cantante, quien la madrugada del sábado 19 de marzo [de 2011] sufrió un atentado en un concierto que amenizaba en San José del Valle, Nayarit.

Las autoridades policiacas que siguen las pesquisas del atentado que sufrió José Ángel Ledezma, el sábado 19 de marzo en la explanada Mariana de San José del Valle, trabajan sobre dos líneas de investigación: Una que habla de las relaciones y complicidades que el cantante pudo tener con el clan de la familia Alcaraz de Ixtapa —algunos de los cuales han sido ubicados en el negocio de las drogas—, y otra es una presunta relación con el narcotraficante Héctor Beltrán Leyva en Mazatlán, de donde es oriundo *el Coyote*.

En la calle, se dice que *el Coyote* compuso algunos corridos para gente de *el H*, y algunos de sus pistoleros que trabajaron para *el Chaguín* (ya muerto), y que esto habría molestado a algún cártel rival, y de ahí habría venido la agresión.

Sin embargo, en Puerto Vallarta, y toda la región de Bahía de Banderas, es muy conocida la relación que sostenía *el Coyote* con los hermanos Alcaraz de Ixtapa, al grado de que amenizaba fastuosas fiestas con Gabino Alcaraz, donde se presumía corría la droga.

La línea de investigación que más se robustece es la que apunta a la sociedad del *Coyote* con Gabino Alcaraz Carranza —del clan de presuntos narcotraficantes de Los Alcaraz de Ixtapa y Las Palmas de Puerto Vallarta—, como uno de los motivos de la agresión, ya que el cantante ha estado ligado desde hace muchos años a Los Alcaraz y les conoce todos sus secretos.

De hecho, se sabe que una hermana de Gabino Alcaraz, de nombre Rosalba Alcaraz, es quien da la cara como representante del *Coyote* y su Banda Tierra Santa, al menos de parte de la sociedad que tiene con Gabino.

En este contexto, todos en Ixtapa sabían que *el Coyote* era el consentido de Los Alcaraz, al grado de que le prestaban el lujoso yate de Gabino —anclado en Los Peines de Marina Vallarta— para que descansara y se paseara. En esa embarcación, se realizaron fiestas interminables donde la reina de la noche siempre fue la cocaína y el aderezo el whisky Buchanan's, según testigos (www.columnajorgeolmos.blogspot.com).

Nexos con el crimen organizado

El domingo 18 de septiembre de 2011, el periodista Gerardo Sandoval realizó una minuciosa investigación sobre los nexos de la familia Alcaraz con el narcotráfico en Puerto Vallarta. Dicho reportaje fue publicado en el blog de Jorge Olmos Contreras, con el título "Los Alcaraz, la caída del imperio de narcos que dominó Ixtapa":

En aproximadamente 20 años, los hermanos Alcaraz fueron amos y patrones del narco menudeo en la región de Ixtapa-Las Palmas y Puerto Vallarta. Nadie se metía con ellos, cometieron múltiples abusos y se les relacionó con "levantones", asesinatos y negocios de todo tipo, desde el trasiego de mariguana, cristal y cocaína, hasta en el de carros robados. Dos décadas después, su figura se ha opacado, al grado de que las familias con estos apellidos han abandonado sus casas y los más prominentes fueron ejecutados y desaparecidos.

Los hermanos Alcaraz adquirieron notoriedad desde principios de los noventa en toda la región, pero la desgracia cayó sobre ellos en los últimos dos años y, marcados por sus violentos enemigos, los que no cayeron con plomo fueron "levantados" y desaparecidos. El resto de la familia, las hermanas y la madre inclusive, ya no viven en la región. Ante las últimas amenazas ocurridas a finales de mayo, un "levantón" y una golpiza a uno de ellos, pusieron sus propiedades en venta y desaparecieron, aparentemente de forma definitiva.

Nadie sabe a ciencia cierta quiénes son los enemigos de la familia Alcaraz. Pero versiones abundan y todas tienen que ver con actividades ilícitas ligadas al comercio de las drogas.

En febrero del 2004, un grupo de plagiarios sinaloenses secuestró a Saúl Alcaraz Ruiz. Se pagó un millonario rescate y eso antecedió al extraño incidente del cual resultó Gabino Alcaraz Carranza con un balazo en la cabeza, que todavía no se recupera. Luego vino lo peor. A mediados de agosto del año pasado, la fami lia fue víctima de diversos atentados. Algunos murieron, otros fueron "levantados" y desaparecidos. El resto de los hermanos y hermanas, la mamá también, soportaron meses de presiones y amenazas y, a finales de mayo, cambiaron de residencia y pusieron todos sus bienes en venta.

Hasta mayo habían resistido las amenazas varios miembros del clan. Aun cuando apenas en diciembre pasado habían "levantado" a Gabino Alcaraz Ruezga, quien era presidente del ejido de El Colexio y secretario de la Asociación Ganadera.

Las amenazas nunca cesaron, pero en mayo "levantaron" al Willy Alcaraz Ruezga en las inmediaciones, pero lo liberaron no antes de darle una salvaje golpiza. Ya a esas alturas todos estaban advertidos.

También en mayo se multiplicaron las llamadas telefónicas a la señora María Ruiz Corona y a Nereida Alcaraz Ruiz, mamá y hermana de Aurelio el Sheriff Alcaraz. Con los últimos acontecimientos, tomaron ya la decisión de abandonar el pueblo y mudarse a otro lugar, no revelado por cuestiones de seguridad.

Contra los Alcaraz no hubo tregua en casi un año. Un medio hermano del *Sheriff* se quedó al tanto de algunos bienes y de sus parcelas, pero también sobre él la emprendieron. Ricardo Ruiz fue "levantado" también en mayo, pero como traía buen dinero, lo dejaron en libertad, bajo amenaza de que también debía irse de la región.

La consigna contra los hermanos es impedirles cualquiera actividad. Tienen prohibido sembrar y rentar sus parcelas. A los choferes de la flotilla de camiones urbanos también se les ha amenazado. Les ordenaron que debían vender todo y desaparecer de Puerto Vallarta y toda la región. Se ordenó romperles toda actividad que les genere ingresos; de que el atentado en marzo contra el cantante *el Coyote*, en San José del Valle, pudo ser parte de eso. Enterado de eso, Gabino Alcaraz Ruiz puso en venta su residencia de Ixtapa en un millón de pesos. Por sus dimensiones, dos plantas, amplia, es una verdadera ganga, pero nadie se atreve a comprar la casona de la calle Guerrero. Toda la familia tiene en venta sus casas, incluyendo las hermanas y la mamá.

En la familia hay Alcaraz Ruiz, Alcaraz Ruezga, Alcaraz Carranza y Alcaraz Calleja. Cuando fue herido Gabino Alcaraz Carranza, dedicado a organizar bailes masivos, charreadas y fiestas, su hermano René quedó con el negocio y, más reciente, la hermana Rosalba se hizo cargo del negocio. Ella, Rosalba, Lupita y demás, están marcadas también.

El clan Alcaraz es tan numeroso que ni siquiera es fácil elaborar una lista del total de hermanos y hermanas. El iniciador es Aurelio *el Híbrido* Alcaraz. Falleció hace ya algunos años. Procreó familia con al menos cuatro mujeres, y en casi todos los casos hubo rapto con violencia. Por esos sus hijos están distribuidos en Ixtapa, El Ranchito y Las Palmas. A él se le atribuye el inicio del caciquismo que heredó a Elías Miramontes Vélez, en el ejido El Colexio.

Con abusos y atropellos, del que casi siempre las víctimas eran ciudadanos indefensos, la familia logró sobrevivir a los tiempos violentos de 2008. Los reacomodos en los negocios de las drogas los afectaron al grado que se les consideraba estar alejados del negocio. Siempre se les consideró a ellos como un "mini cartel" cuya plaza era Ixtapa y el corredor rural Ixtapa-Las Palmas.

Cuando el grupo que hoy en día ejerce el control les dieron las primeras advertencias de sacar sus manos del negocio. Sus enemigos tenían sospechas y los mantuvieron bajo estricta vigilancia.

En agosto del año pasado, sus enemigos supieron una evidencia clara de que al menos uno de ellos seguía en el negocio. Eso fue el motivo de las hostilidades contra la familia y la orden fue ir detrás de todos. El 17 de ese mes, por la mañana, levantaron a Heraclio Alcaraz Callejas, y una hora después, mataron a Aurelio *el Sheriff* Alcaraz en la entrada a La Desembocada. Un hijo de éste fue gravemente herido. Al siguiente día hallaron la camioneta de Heraclio en un camino de terracería, ya en el municipio de San Sebastián del Oeste.

Dos días después, el ejército desmanteló un narco laboratorio donde procesaban drogas en las orillas del poblado El Colorado. Ésa era la evidencia de que Los Alcaraz no habían abandonado el negocio. Hoy en día, los lugareños afirman que ese narcolaboratorio era del *Sheriff*. Heraclio, su medio hermano, le ayudaba en esas tareas. Por eso ellos dos fueron los primeros objetivos. El día del sepelio del *Sheriff*, al bajar del panteón, dos pistoleros balacearon una camioneta de Saúl Alcaraz Ruiz. En el volante iban sus hijos, que resultaron ilesos.

Después de los atentados, la familia pidió apoyo de las autoridades e inclusive del ejército. La respuesta fue una negativa. Uno del clan, Noé, tiene fama de estar al servicio de un cártel de narcos y a él recurrieron los hermanos. La respuesta los desanimó. "Involucrarme significa declarar la guerra a los de la plaza", fue el argumento para mantenerse ajeno al conflicto de la familia. El yerno del finado José Pepo Ortiz Camba tiene fama de ser pistolero profesional, al menos eso platican todos, pero no quiso comprometerse por la familia.

En buena medida, lo consignado en este espacio son historias conocidas y documentadas en la región, por vecinos y autoridades. Pese a todo, a pesar de la sospecha de que los hilos apuntan a la delincuencia organizada, resulta aventurado saber con exactitud las razones reales de la desgracia que abatió y abate a la familia.

Más aún, en Ixtapa y sus alrededores se platican algunos nombres de quienes han intervenido en los atentados. Los vieron. Hay testigos. Pero nadie se atreve a decirlo abiertamente, a menos que sea con los amigos.

A muchos les resulta triste el fin de la familia. Ya nadie queda en casa. Las casas están abandonadas y algunas tienen el anuncio de estar en venta. Para sus amigos, se fue una época, tiempos dorados, días de fiesta donde todo había en vastedad.

El imperio de Los Alcaraz se derrumbó como otros han desaparecido. Cayeron personajes como Cristóbal Machuca (a) *el Tobal*, Alejandro Núñez Rivas, *el Chilango*, otro apodado *el Negro*. La diferencia es que el clan de Los Alcaraz es numeroso, algunos murieron, pero el linaje se mantendrá vivo. Lejos de Ixtapa, en los recuerdos de muchos lugareños, pero vivos (columnajorgeolmos.blogspot.mx/2011/09/los-alcaraz-la-caida-del-i-mperio-de.html).

El Coyote, al hospital

La mañana del viernes 24 de febrero, tras conocer la noticia de la trágica muerte de Rosalba Alcaraz y su asistente, Axel Alejandro Dueñas Pérez, José Ángel Ledezma, *el Coyote*, tuvo que ser ingresado al área de urgencias del Hospital Español en la Ciudad de México, debido a una baja de presión arterial que lo puso en condición crítica, y que fue controlada tres horas después.

Por la tarde, el cantante envió un comunicado de prensa en el que hizo manifiesta su indignación por el trágico suceso:

Desde ayer no supimos nada de ella y hasta hoy su hermano nos informó que encontraron el cuerpo. Estoy bastante deprimido y quiero asimilar esto. El motivo de esta pérdida fue debido a la inseguridad que persiste en el país. Me siento muy consternado, era una gran amiga y me apoyó desde que inicié mi carrera de solista. Le pido a los medios de comunicación su apoyo y comprensión en estos momentos, siempre los atiendo, pero ahora me es imposible, ya habrá tiempo para informarles a detalle.

José Ángel Ledezma, *el Coyote*, viajó el mismo día 24 hasta Iguala, Guerrero, donde ya tenía pactada una presentación al lado del cantante Julión Álvarez.

Un año antes, *el Coyote* había sufrido un atentado

Entre la noche del sábado 10 y la madrugada del 20 de marzo de 2011, cuando realizaba una presentación junto con su grupo Tierra Santa, en Bahía de Banderas, una localidad muy cercana a Puerto Vallarta, José Ángel Ledezma, *el Coyote*, fue víctima de un atentado en el que estuvo a punto de morir, cuando sujetos desconocidos arrojaron una granada de fragmentación sobre el escenario.

Tres músicos, Abelardo Román, Arturo Valdez y Jesús Uría resultaron heridos en las piernas debido a las esquirlas.

En entrevista telefónica con el periódico *El Universal*, el cantante aseguró que sólo un sujeto desequilibrado era capaz de haber cometido esa barbaridad, por lo que tomó la determinación de salir del país junto con su familia a fin de evitar mayores riesgos:

Cuando escuché la explosión y vi la gran nube de humo, de manera instintiva brinqué del escenario para ponerme a salvo. La verdad estoy muy asustado, yo no tengo enemigos, pero más vale tomar reservas y es por ello que llevo a mi familia a radicar a Estados Unidos. No suspenderé ninguno de mis bailes en la República mexicana porque yo me debo al público, y mi trabajo es llevar diversión y esparcimiento.

Sí estoy asustado, pero eso no es motivo para cancelar porque los músicos y los cantantes nada tenemos que ver con negocios ilícitos, y quizá quien arrojó la granada haya tenido intenciones de llamar la atención, porque no podemos negar que la lucha contra el narcotráfico está haciendo reaccionar de manera violenta a estos grupos.

De acuerdo con la investigación de la procuraduría de Nayarit, el artefacto explosivo tenía la capacidad para matar a varios hombres, pues tan sólo la ola expansiva deformó algunas estructuras metálicas del templete y dejó un orificio de aproximadamente 15 centímetros de diámetro.

En una entrevista realizada vía telefónica desde su casa, en Ciudad Obregón, Sonora, y transmitida a través de la estación radiofónica La Nueva 101.9 FM (Univisión Radio) de Los Ángeles, California, la conductora Sthepanie *Chiquibaby* Himonidis Sedano (originaria de Guadalajara), platicó en exclusiva con *el Coyote*, quien le narró cómo vivió aquellos aterradores momentos:

> Tenía una hora apenas, una hora quince minutos cantando cuando pasó eso, yo jamás pensé que fuera una granada porque yo estaba tomando agua, cuando me dijeron los muchachos que vieron cuando cayó la granada arriba del escenario y como iba rodando, no se explicaron bien qué era, pero yo volteé y miré humo y entonces... yo me iba a acercar de hecho iba a levantar la cortina que está debajo de donde cayó la granada porque cayó abajo del muchacho que toca la tarola; ahí cayó y yo iba a levantar la cortina a ver si no se estaba quemando un monitor o un cable, que bendito sea Dios no me arrimé porque, cuando yo pensé en arrimarme, fue cuando explotó y yo estaba como a un metro y yo brinqué para abajo, y los muchachos pues se brincaron por donde pudieron, por todos lados, y gracias a Dios nada más les tocó a los muchachos de la banda, corrimos con mucha suerte, bendito sea Dios.

OTROS EJECUTADOS POR EL CRIMEN ORGANIZADO

Ramón Berumen Rivas, vocalista de Los Vizárraga
20 de noviembre de 2007

Sin pistas y con carpetazo quedó el homicidio del vocalista del grupo musical Los Vizárraga, Ramón Berumen Rivas, de 34 años de edad, quien había sido hallado poco después del mediodía envuelto en un sarape en el interior de la caja de su camioneta Chevrolet modelo 1996 —sin placas de circulación, pero de procedencia extranjera—, estacionada en un camino de terracería de la comunidad de Cieneguitas, Durango. El cuerpo presentaba múltiples golpes y el llamado "tiro de gracia" en la cabeza.

Ramón Berumen tenía su domicilio en el fraccionamiento Las Arboledas, en la ciudad de Canatlán.

La nota publicada por el periódico *El Siglo de Durango* (del jueves 22 de noviembre de 2007) destaca lo que podría ser una línea de investigación sobre el homicidio del cantante.

Aunque al parecer existen más líneas de investigación acerca del asesinato de Ramón Berumen, la más cercana pudiera ser ligada con el narcotráfico, pues según investigaciones de la dependencia (Dirección Estatal de Investigación [DEI]), esta persona presuntamente se dedicaba a vender droga.

Ramón pudo tener deudas con los proveedores de narcóticos y al no pagar se cobraron con su vida, intuyen los investigadores.

Dentro de esta pista juega un papel preponderante la vecina comunidad Venustiano Carranza, donde al parecer en últimos días Ramón acudía continuamente, lo que pudiera revelar que en ese lugar se encuentran los proveedores de droga.

De comprobarse la hipótesis, además de los cargos por narcotráfico tendrán que enfrentar el proceso como sospechosos de este crimen. El comandante de la DEI, Sergio Ramírez Rosales, también informó que las indagatorias continuarán hasta esclarecer el homicidio de Berumen Rivas y, por supuesto, sin descartar ninguna línea de investigación.

Roberto del Fierro,
ex mánager de Francisco *el Flaco* Elizalde
8 de enero de 2008

A las 19:30 horas, cuando se encontraba a las afueras de sus oficinas (ubicadas sobre la avenida Mariano Otero casi al cruce con avenida Patria, en Guadalajara, Jalisco), Roberto Ignacio del Fierro Lugo, ex mánager de Francisco *el Flaco* Elizalde —hermano del fallecido cantante Valentín Elizalde—, fue agredido de un disparo en la cabeza (con entrada en la región temporal izquierda y salida en el lado derecho) por un hombre de complexión obesa, que minutos antes había descendido de una camioneta color negro.

El manejador artístico fue trasladado al Hospital Civil Viejo donde, por su gravedad, falleció horas más tarde. De acuerdo con detalles proporcionados por la policía investigadora, el arma utilizada en la agresión correspondía a un calibre 380.

Roberto Brian del Fierro Tello, de 22 años, hijo de Roberto del Fierro (quien también trabajó con los cantantes Ricky Martin y Enrique Iglesias), fue quien se presentó en la fiscalía adscrita al Servicio Médico Forense para reclamar el cuerpo de su padre y darle cristiana sepultura. Dijo desconocer si su progenitor tenía enemigos y los motivos que pudieron llevar al agresor a dispararle.

En entrevista con el conductor de radio Javier Poza, del programa *OKW*, Francisco Tenoch Espinoza Miramontes, representante de Jesús *el Flaco* Elizalde, señaló que, aunque se decía que Roberto del Fierro era el mánager del *Flaco* Elizalde, su labor era el manejo de las publirrelaciones del cantante.

Francisco Tenoch dijo que Roberto del Fierro había dejado de trabajar con ellos desde hacía mucho tiempo, por lo que la familia Elizalde no tenía nada que comentar sobre el atentado que le costó la vida.

David Rodríguez Aguilera,
trompetista de la Banda que Manda
20 de abril de 2008

Cuando se dirigía a ver a un amigo y caminaba por la calle Papaloapan (entre Perote y Aguas, en la colonia Veracruz, en Xalapa),

David Rodríguez Aguilera (con domicilio en la calle de Aguas de Xalapa número 14), de 15 años de edad y trompetista de la agrupación local Banda que Manda (entre cuyas canciones destacan *Besos de ceniza*, *Louis* y *Me estoy enamorando*), fue interceptado por dos delincuentes: Melitón Vázquez Cardona, de 22 años de edad (con domicilio en Perote 15 en la colonia Veracruz), y por su sobrino Pedro Vázquez Durán, de 22 años (residente de Miradores 16 colonia Colosio), ambos pertenecientes a la banda delictiva Los Greñas, quienes sin mediar palabra le propinaron cinco puñaladas con una navaja: dos en los costados, una en el brazo izquierdo y dos más en el pecho.

Luego de la agresión, David Rodríguez Aguilera trató de correr hacia su domicilio, pero metros adelante cayó al piso, desangrándose.

Varios vecinos llamaron a una ambulancia de la Cruz Roja, pero cuando los paramédicos acudieron al auxilio sólo confirmaron su deceso.

En un rápido operativo de la policía municipal, y gracias a dos testigos, se logró ubicar a Melitón Vázquez Cardona y Pedro Vázquez Durán en el domicilio del segundo. Fueron consignados a la Agencia Cuarta del Ministerio Público acusados de homicidio, y 48 horas después de su detención se les trasladó al Penal Pancho Viejo, en Córdoba, Veracruz, donde el Juzgado Tercero de Primera Instancia inició un proceso en su contra por presunto homicidio doloso.

La mala racha para los integrantes de Banda que Manda comenzó un mes antes, cuando el lunes 14 de abril, el representante y propietario del grupo, Romualdo Calderón, y su chofer, fueron despojados de una camioneta Suburban color verde —con placas de circulación XZK-4800 del estado de Veracruz—, por hombres que portaban armas de grueso calibre.

El vehículo propiedad del empresario fue localizado días después por policías municipales en la colonia Petrolera, en el municipio de Boca del Río, pero tenía manchas de sangre en los asientos.

Jesús Antonio Parente Moreno, Rosario Mauricio Osuna, Manuel Ríos Lizárraga y Jesús Martín Quintero, músicos de Herederos de Sinaloa
30 de octubre de 2008

Minutos después de haber asistido a una entrevista para la promoción de su más reciente disco, *Eres tan linda* (que incluye temas como "Compa Chini", "Dámaso López", "Compa Tocayo" y "El Maruchan"), en la sección de espectáculos del periódico *El Sol de Sinaloa*, Jesús Antonio Parente Moreno (acordeonista, compositor y líder) y Rosario Mauricio Osuna (contrabajo), del grupo Herederos de Sinaloa (antes Los Tres Herederos), así como Ángel Manuel Ríos Lizárraga y Jesús Martín Quintero Martínez (este último identificado posteriormente por la Procuraduría de Justicia como familiar cercano de Mario Quintero, vocalista y compositor de Los Tucanes de Tijuana), fueron acribillados a balazos cuando se encontraban a las afueras del diario propiedad de la empresa Organización Editorial Mexicana.

De acuerdo con la nota publicada por *El Sol de Sinaloa*, durante la entrevista, Jesús Moreno había recibido una llamada en su teléfono celular, en la que una persona desconocida le ofrecía la venta de un acordeón. Ambos acordaron verse después de la entrevista a las afueras del periódico.

Alrededor de las 15:00 horas, cuando el hombre del acordeón llegó a bordo de una camioneta *pick up* color negro, Jesús Moreno y sus compañeros se dirigieron hacia él y, cuando estaban por cerrar el trato, arribó otra camioneta, modelo Yukón color tinto, y se detuvo sobre la avenida, a un lado de los músicos.

Cuatro hombres armados con rifles AK-47 descendieron de la unidad y de inmediato realizaron no menos de cien disparos, abatiendo instantáneamente a dos de los cantantes gruperos y a su representante (Jesús Moreno quedó a media calle con el acordeón entre sus brazos). Otro de los músicos, Mauricio Osuna, intentó resguardarse atrás de un vehículo, pero uno de los sicarios logró verlo y fue hasta ahí para ajusticiarlo.

En el lugar del múltiple homicidio quedaron regados los cuerpos de las víctimas, entre charcos de sangre y decenas de casquillos percutidos, que de paso destrozaron los cristales de la puerta principal de *El Sol de Sinaloa*.

Francisco Domínguez Herrera,
vocalista de El Sapo y sus Ondeados
6 de mayo de 2011

Poco después de las 8 de la noche, al salir de un restaurante de mariscos denominado Ostionería y Mariscos Richy, en el que estuvo más de una hora cenando con un grupo de amigos (ubicado en la esquina de las calles Azteca y Cantera, colonia Morelos, en Ciudad Juárez, Chihuahua), Francisco Domínguez Herrera, de 38 años de edad, conocido en el ambiente grupero como *el Sapo*, se dirigía a su camioneta *pick up* negra —sin placas de circulación—, cuando un grupo de sicarios que lo esperaban en el interior de una camioneta Jeep Grand Cherokee blanca —que portaban armas de grueso calibre—, bajaron para ejecutarlo.

Una vez en el piso, Francisco Herrera, *el Sapo*, fue rematado con el denominado "tiro de gracia" en la cabeza. En el lugar, policías ministeriales y de la federal localizaron más de 30 casquillos percutidos.

Francisco Domínguez Herrera, quien en 2007 había comenzado su carrera como cantante al lado del grupo musical Comando Sierreño, se hizo famoso en programas de televisión y radio locales por enaltecer al crimen organizado en sus corridos. Pero fue hasta mediados de la década de los noventa que formó su propia banda, El Sapo y sus Ondeados, con la que logró gran tradición en Ciudad Juárez. Recientemente había grabado un disco de *covers*, el cual estaba promocionando.

Varias veces recibió amenazas de muerte, pero nunca les dio importancia, pues estaba seguro de que no tenía enemigos.

Gerardo Corral Vázquez, Julio Jeovan Muñoz
y Gadiel Alfredo Mundo, músicos de Los Herederos
de Choix
7 de abril de 2011

A las 23:34 horas, cuatro jóvenes circulaban a bordo de un automóvil Ford Grand Marquis color blanco por el cruce de las avenidas Tory y Borocahui (en la colonia Benito Juárez, en la municipalidad de Choix, Sinaloa), cuando un comando armado que viajaba en una camioneta los atacó a balazos.

Tres de las víctimas: Gerardo Corral Vázquez, de 19 años; Julio Jeovan Muñoz Medina, de 24 años, y Gadiel Alfredo Mundo Torres, de 21 años, eran integrantes del grupo musical Los Herederos de Choix.

Gerardo Alfredo y Julio Jeovan quedaron muertos en los asientos del vehículo, mientras que Pahoran Corral Vázquez, de 24 años —hermano de Gerardo—, quien recibió un disparo en el pulmón, fue trasladado de urgencia al Hospital General de Los Mochis, donde murió horas más tarde a consecuencias de un shock hipovolémico (cuando la pérdida de sangre hace que el corazón sea incapaz de bombear y los órganos dejan de funcionar). Gadiel Alfredo Mundo fallecería 24 horas después en un hospital privado.

Presuntamente, Gerardo y Pahoran Corral regresaban de visitar la tumba de otro de sus hermanos, asesinado también un año antes en el municipio de Choix.

Ricardo Isauro Chávez Lizárraga, músico de Banda Sinaloense Aires de Mazatlán
16 de abril de 2011

Cerca de las 12:30 horas, al encontrarse en un lote de autos usados ubicado en la avenida Francisco Solís, casi esquina con Circunvalación (en el fraccionamiento El Toreo, en Mazatlán, Sinaloa), a donde había acudido para vender una camioneta de su propiedad, Ricardo Isauro Chávez Lizárraga, de 33 años de edad, integrante de la Banda Sinaloense Aires de Mazatlán, fue asesinado a balazos por un sujeto de complexión media que vestía ropa color azul y portaba una gorra, el cual, segundos antes había descendido de una camioneta modelo Explorer blanca con un *cuerno de chivo*.

Al momento de la agresión, Ricardo Isauro Chávez Lizárraga se encontraba sentado en una banca de madera, por lo que su cuerpo se desplomó y cayó sobre una tabla junto a una malla de alambre. Una vez cometido el asesinato, el pistolero se dio a la fuga a bordo de su misma camioneta.

Presuntamente, Ricardo Isauro Chávez Lizárraga ya había sido víctima de otros atentados.

Jorge Ríos Retana,
vocalista y compositor de Los Invencibles
13 de mayo de 2011

Tras cumplir con una presentación en la comunidad de Santo Domingo, Guerrero, y cuando regresaban durante la madrugada a la municipalidad de Huetamo, Michoacán, a bordo de una camioneta Ford Ecoline, modelo 1999, varios integrantes del grupo Los Invencibles fueron perseguidos y emboscados por otra camioneta en la que viajaban unos hombres que les dispararon.

En el vehículo quedó muerto Jorge Ríos Retana, de 56 años, conocido en el ambiente grupero como *el Compositor del Pueblo*. Junto a él, resultó lesionado José Arana Castañeda, de 42 años, líder y primera voz del grupo, quien presentaba heridas en el brazo izquierdo y un rozón de bala en la cabeza. También sufrieron heridas de bala Valdemar Aguirre Arana, José Rosario Damián Corona, Obdulio Baltazar Borja y Jorge Regino Navarrete.

Jorge Ríos Retana fue sepultado en la localidad de Arroyo Hondo. Era muy apreciado en la comunidad de Huetamo, debido a sus corridos.

Diego Rivas, cantante solista
13 de noviembre de 2011

Alrededor de las cuatro de la madrugada, varios jóvenes que se encontraban conviviendo y cantando afuera de un domicilio ubicado en la calle Valentín Canalizo (entre la calle Adolfo Ruiz Cortines y avenida 21, en la colonia Lázaro Cárdenas, en Culiacán, Sinaloa), fueron acribillados a balazos por un grupo de hombres armados que llegaron directamente hasta ellos para dispararles con armas AK-47, C-3 y calibre .9 milímetros.

Entre los ejecutados estaba Alfredo Herrera Gómez (quien vivía en el domicilio) y Diego Larrañaga Rivas, este último conocido cantante y compositor de narcocorridos nacido en Culiacán, Sinaloa, intérprete de temas como *El estándar*, *Soy yo*, *Dos celulares*, *El 80*, *Tuyo*, *Vuélveme a querer*, *La rubia y la morena* y *Los ojitos de mi Elena*, quien terminó boca arriba y con el cráneo destrozado por los impactos.

A unos metros quedó una guitarra junto a una camioneta Dodge color blanco —sin placas de circulación— y un automóvil Ford Escort —modelo 1993 con matrícula VJX-5574 del estado de Sinaloa—.

Seis horas antes, quien artísticamente se hacía llamar Diego Rivas, había escrito su último mensaje en su cuenta de Facebook, en el que invitaba a sus seguidores a escuchar su más reciente producción discográfica, *Sin ti soy feliz*: "Aquí reportándome, que tengan bonito sábado... Muchas gracias por todo..."

Héctor Manuel Peñuelas León, Jesús Armando López Ibarra, Lucio Acosta Gastélum y Jefrey Olguín García, cuyas edades oscilaban entre los 22 y 55 años de edad, fueron trasladados al Hospital General de Culiacán, donde recibieron atención médica urgente; sin embargo, Jefrey Olguín García falleció debido a la gravedad de sus heridas.

Diego Larrañaga Rivas inició su carrera con el Grupo Potrillo, en Baja California. Formó parte de la Banda Arriba mi Sinaloa, y en 2006 se inició como solista acompañado por el grupo Los Guaruras. Recientemente había lanzado un álbum acompañado por Los Buitres de Sinaloa, del que promocionaba el tema *Andabas de perro*.

Erik Garza Garza, ex tecladista de Bronco
4 de febrero de 2012

Minutos después de haber cerrado su negocio de autopartes ubicado en la Avenida Ruiz Cortines y Félix U. Gómez, en Monterrey, Nuevo León, Erik Garza Garza, de 56 años de edad, ex tecladista del grupo musical Bronco (El Gigante de América), fue "levantado" por un grupo de gatilleros, quienes lo mantuvieron cautivo durante seis días, mientras exigían a su familia un pago por su liberación.

La tarde del viernes 10 de febrero, a pesar de que se había pagado el rescate, el cuerpo del ex músico fue hallado sin vida

—con los ojos cubiertos con cinta adhesiva y las manos atadas por la espalda— en un lote baldío de la calle Valencia, en la colonia Villas del Poniente del municipio de García, a unos 20 kilómetros al poniente de Monterrey. Tenía varios impactos de bala en el cuerpo y uno en la cabeza.

La Agencia Estatal de Investigaciones (AEI) trascendió que, en menos de un año, otros cinco comerciantes habían sido secuestrados en esa misma zona; sin embargo, todos habían sido liberados con vida tras el pago del rescate.

Familiares de Erik Garza revelaron que el ex tecladista de Bronco ya había recibido amenazas de la delincuencia organizada en varias ocasiones, pues se había negado a pagar diversas cantidades de dinero mensuales como extorsión por "derecho de piso"; es decir, por ofrecerle "seguridad" y "dejarlo trabajar" en su propio negocio. Una fuente de la AEI, indicó:

> Según sus familiares, Erik Garza fue amenazado muchas veces, lo habían amenazado por todas las vías, por teléfono, recibió visitas a su negocio para que pagara una cuota mensual a un grupo de la delincuencia organizada. En todas esas ocasiones se negó a entregarles dinero por la supuesta protección, y lo amenazaron una última vez de que lo iban a secuestrar por no pagar piso, y el sábado [4 de febrero] finalmente fue cuando los familiares no lo volvieron a ver [www.blogdelnarco.com/2012/02/levantan-ejecutan-y-torturan-a-ex-integrante-de-bronco/].

De acuerdo con el mapa de la delincuencia organizada, la urbe de Monterrey es una de las principales zonas en disputa entre los cárteles de Los Zetas y del Golfo.

Durante el funeral, uno de los hermanos de Erik Garza detalló que las negociaciones con los secuestradores se hicieron tal y como fueron exigidas: "Se entregó el dinero a las 10:00 de la noche del jueves; según ellos iban a contar el dinero y a dejarlo libre en una hora o dos. Ya estaba todo arreglado, y nada, amaneció muerto el viernes, allá en García", explicó.

Erik Garza Garza fue fundador del grupo Bronco (surgido en Apodaca, Nuevo León), con quien trabajó durante seis años (1980-1986). Su teclado se hizo característico a raíz del tema *Sergio el bailador*, que lanzó a la fama al grupo. Realizó siete discos, siendo el último *Indomable*, pero luego decidió separarse por motivos de salud e iniciar su propio negocio familiar: una tienda de autopartes que atendía con su esposa y sus dos hijos.

José Baldenegro Valdez, baterista de Enigma Norteño
29 de marzo de 2012

A las 10:20 horas, elementos de la policía municipal acudieron a corroborar el reporte de una presunta balacera en el centro comercial Plaza Sur, en la colonia Lomalinda, en Culiacán, Sinaloa. Sin embargo, al llegar no encontraron nada (aunque empleados de varios negocios confirmaron que sí se habían escuchado disparos).

Horas más tarde se daría a conocer que José Baldenegro Valdez (nacido el jueves 22 de diciembre de 1983), baterista del grupo musical Enigma Norteño, surgido en 2004 y famoso por su repertorio de temas alusivos al cártel de Sinaloa, había llegado a bordo de su camioneta modelo Hemi hasta una ferretería ubicada en la avenida Maquío Clouthier, cuando varios sujetos que portaban armas largas llegaron al local para someter violentamente al músico y secuestrarlo.

El vehículo de José Baldenegro sería localizado un día después, el viernes 30, junto al canal de San Lorenzo, en el poblado de El Ranchito, luego de que el sistema de localización satelital (GPS) advirtiera que ya llevaba mucho tiempo estacionado.

Por la noche de ese mismo día, el cuerpo del músico secuestrado también fue localizado por varios vecinos del ejido San Manuel, en la sindicatura de Aguaruto, Sinaloa, tirado sobre un camino de terracería ubicado a un costado de un sembradío de maíz. El cuerpo estaba envuelto en una cobija color azul con rayas blancas y amarrado con una cuerda roja. Tenía varios impactos de bala en el pecho y golpes contusos en la cara.

El cadáver del sujeto, hasta entonces desconocido, fue trasladado a las 20:00 horas al Semefo de Culiacán, donde familiares lo identificaron como el del baterista del grupo Enigma Norteño, José Baldenegro Valdez.

Pero ahí no terminó todo. Cerca de las 16:00 horas del sábado 31 de marzo, un comando armado arribó hasta la funeraria

San Martín (la misma donde el viernes 3 de septiembre de 2010 fueron velados los restos del narcotraficante Ignacio *Nacho* Coronel Villarreal y su sobrino Mario Carrasco Coronel), ubicada en la calle Montebello y la avenida Álvaro Obregón, del fraccionamiento Residencial Montebello, en Culiacán, para someter a uno de los dolientes que en ese momento se hallaba platicando con otra persona en el estacionamiento, y subirlo por la fuerza a una camioneta que partió con rumbo desconocido.

De inmediato, familiares de José Baldenegro trasladaron el féretro del fallecido cantante a la comunidad de Costa Rica, al sur de Culiacán, donde fue sepultado en un panteón de la localidad por miedo a ser nuevamente víctimas de otra agresión.

El domingo 1º de abril, Ernesto Barajas, líder de Enigma Norteño, lanzó un mensaje en la página oficial del grupo dirigido a la comunidad de seguidores de Enigma Norteño:

> Queremos hacer esta única declaración por respeto a nuestro compañero y amigo José Baldenegro y sobre todo a su familia... Nos encontramos consternados por esta terrible noticia, en un momento de gran dolor y tristeza, y donde quiera que esté nuestro compañero "Josesón", nuestra música siempre va a llevar su esencia, y donde quiera que esté sabemos que está con nosotros en cada gira, y en cada presentación. Por supuesto que Enigma Norteño no será el mismo sin tu presencia, pero estamos seguros que lo que tú quisieras es vernos seguir juntos. Aunque ya no estés físicamente, tu recuerdo y tu alegría siempre estarán con nosotros y nuestro público, gracias a todos nuestros *fans* por su apoyo y comprensión.
> Atte. ENIGMA NORTEÑO.

En otro mensaje escrito tres días antes, el miércoles 28 de marzo, Enigma Norteño anunciaba en su página oficial que al día siguiente comenzarían una gira por los Estados Unidos, donde se presentarían en el salón Enigma Night Club, en Carolina del Norte, y en el Señorial, en Newton:

> GIRA 2012 POR CAROLINA DEL NORTE!! Y PURO ENIGMA NORTEÑO JAJAY
> 30 DE MARZO ASHEBORO NC
> 31 DE MARZO NEWTON NC
> 01 DE ABRIL CHARLOTTE NC

SECUESTROS, INTIMIDACIONES Y ATENTADOS

Lupillo Rivera
10 de diciembre de 2006

Lupillo Rivera había terminado de cenar con su representante Jorge Núñez y, presuntamente, con su publirrelacionista Rafael Montiel en un restaurante de Guadalajara, Jalisco.

Minutos después, cuando los tres viajaban en la camioneta de lujo del cantante, un sujeto solitario les disparó en siete ocasiones cuando daban vuelta en una esquina. Ninguno de los impactos penetró en el vehículo, pues aparentemente era blindado.

En entrevista para los periódicos *El Universal* y *Milenio*, Rafael Montiel aseguró que no acompañaba al artista en su camioneta:

> Lupillo Rivera salía de un restaurante junto con su representante y se dirigían al hotel. Tocaron la noche del sábado en San Luis Potosí y después se fueron a Guadalajara... a cenar. No les pasó nada, absolutamente nada, solamente el susto.
>
> Tanto a Lupillo como a sus acompañantes, chofer y representante, afortunadamente no les pasó nada y todo quedó en el susto, pero para evitar cualquier rumor o mala interpretación de estos hechos, nos queda claro que se trató de un intento de asalto, toda vez que la camioneta en que viaja es de lujo.

Sin embargo, en entrevista con el periodista Carlos Loret de Mola, titular del noticiero *Primero Noticias*, de Televisa, se dijo otra versión: "Un individuo armado se acercó y decidí acelerar, pero me sorprendieron. Nosotros no hemos recibido amenazas de ningún tipo. Creemos que sólo fue un intento de asalto, porque hubo un solo individuo".

¿Rafael Montiel acompañaba o no al cantante el día de la agresión?

Lupillo Rivera es otro de los intérpretes de banda que ha defendido los narcocorridos, temas que desde hace varios años son polemizados en México. "La música no tiene la culpa; el corrido existe porque hay gente que escribe lo que ve, nada más, y porque la gente lo pide", dijo en entrevista reciente, en alusión a la posición de las autoridades de que ese género musical promueve y elogia las actividades de los narcotraficantes. "Creo que nunca podrán acabarlo, a los que deberían controlar es a los 'capones', pero no a la música", dijo el cantante que ha grabado corridos como *El Narco Cholo, Un narco y dos federales* y *De qué me presumes*, que abordan temas alusivos al narcotráfico.

Durante su presentación, el 1º de abril de 2012 en la Feria del Caballo, en Texcoco, Estado de México, Lupillo Rivera tuvo poca afluencia de público debido a los rumores que apuntaban la presencia de una bomba que el crimen organizado haría estallar en el interior del palenque.

Los mismos rumores también señalaban que ese día el cantante sería objeto de un atentado directo. Afortunadamente no sucedió nada, pero la intimidación tuvo efecto en la velada, pues el público fue escaso. A pesar de ello, Lupillo Rivera cumplió cabalmente con su presentación.

Jenni Rivera, *la Diva de la Banda*
3 de abril de 2010

Jenni Rivera (Janney Dolores Rivera Saavedra) estaba a punto de subir al escenario para dar un concierto en la feria de Tampico, Tamaulipas, cuando se suscitó una balacera en el interior de un *table dance* llamado Mirage, ubicado sobre la avenida Ejército Mexicano y Ayuntamiento, que dejó como saldo siete presuntos delincuentes muertos: cinco hombres y dos mujeres.

Las detonaciones provocaron el terror entre las personas que se hallaban en los negocios aledaños al Mirage, entre ellos la feria, donde los asistentes de la cantante grupera, una vez que comenzaron a escuchar los disparos, corrieron para alejarla de las posibles balas perdidas. Jenni tuvo que quitarse los zapatos para correr más aprisa y luego escribió en su Twitter: "Mi seguridad me gritaba que no subiera [al escenario], me jalaron y me cubrieron. Qué tristeza tan grande... 18 000 personas en mi presentación en Tampico, tres segundos antes de subir se suelta una balacera, corrió la multitud. Yo no escuché nada [de la balacera] porque la banda ya empezaba a tocar, vi mucha gente correr, mucho gritar. Dicen que llegaron con metralletas".

El concierto fue suspendido.

Tres meses después, el jueves 29 de julio de 2010, un mensaje intimidatorio llegó al Twitter de la cantante grupera: "Tú eres la siguiente en morir", decía.

El mensaje estaba firmado por un *twittero* con el seudónimo de "Zeettas". La amenaza de muerte era contundente, pero la cantante, conocida también como *la Diva de la Banda*, y hermana del intérprete grupero Lupillo Rivera, lo tomó con calma y como una simple broma de algún "chistoso".

Inmediatamente respondió a través de su cuenta personal: "Sí! Pero de la risa!!!!! Mmdlr! Los verdaderos asesinos no amenazan.... *idiot*. Si los verdaderos zetas se dan cuenta que mandas estos mensajes... el muerto será otro... RT".

La cantante agregaría: "Esa cuenta de Twitter... la de la supuesta amenaza... ya está siendo investigada. Chistosito. Siempre existe gente que quieren hacer bromas... veremos si se ríe cuando le lleguen".

De inmediato, decenas de seguidores mostraron su apoyo a través de cientos de mensajes. Ella agradeció: "No hay nada de qué preocuparse de la broma de mal gusto".

La Arrolladora Banda El Limón
27 de marzo de 2011

A las 03:00 de la madrugada, justo en el momento en que los integrantes de La Arrolladora Banda El Limón amenizaban la segunda ronda de un baile masivo, organizado por una estación de radio en el auditorio Benito Juárez, en el fraccionamiento Moderno del puerto de Veracruz, comenzaron a escucharse detonaciones de armas fuego de grueso calibre y explosiones de granadas que provocaron pánico y una multitudinaria estampida de personas, la cual dejó tres muertos y decenas de lesionados, después que los asistentes al baile, por temor a ser heridos, corrieran despavoridos, derrumbando muros de contención, mallas y rejas metálicas, buscando la salida.

En principio reinó la confusión, pues no se sabía de dónde provenían los disparos y las detonaciones; sin embargo, minutos después, se reveló que elementos de la Marina perseguían a un grupo de sicarios del cártel de Los Zetas que viajaban a bordo de un automóvil Bora color blanco, que se había negado a detenerse en un reten vehicular (ubicado en la avenida Lafragua, entre América e Isabel la Católica, en el fraccionamiento Reforma, cerca de la Central de Autobuses de Veracruz).

De inmediato se desató una persecución por parte de elementos de seguridad nacional y una balacera sobre las avenidas Lafragua, Vasco da Gama y afuera de las instalaciones del auditorio Benito Juárez, donde se llevaba cabo el baile de La Arrolladora Banda El Limón.

El saldo final fue de un delincuente fallecido en el interior del vehículo Bora, así como una mujer de 39 años, Alicia Cárdenas Enríquez, quien se situó en medio del fuego cruzado en el interior de un taxi —con número económico 1321—, junto con su hijo de 14 años de edad, José Andrés Oyorzabal Cárdenas, y el chofer Melquiades Luna, quienes resultaron heridos.

Dos presuntos delincuentes, Gilberto Ramón García e Iliana Guevara Soto, fueron aprehendidos.

De acuerdo con una nota publicada en el portal de internet *DPoderAPoder.mx* (nuevo.dpoderapoder.mx/noticia.php?id_noticia=15628), Jorge Medina, vocalista de La Arrolladora Banda El Limón, fue quien propició la estampida, cuando incitó a los asistentes al baile a salvaguardar sus vidas:

> El cantante de la agrupación, Jorge Medina, tomó el micrófono y dijo a los presentes: "Algo está pasando, tómenlo con calma, al parecer es un accidente". El aviso generó la incertidumbre, y tras el silencio los presentes escucharon la *tirotiza* cercana y fue cuando todos corrieron despavoridos del sitio. Y fue cuando Medina entró en pánico y de plano les dijo: "Salgan con cuidado y cúbranse", lo que desató el caos y una estampida humana.

Julio César Leyva Beltrán, acordeonista y vocalista de Ciclones de Arroyo
7 de abril de 2012

A la 01:30 de la madrugada, los tres integrantes del grupo norteño Ciclones de Arroyo dejaron de tocar en el baile que se celebraba en La Guayaba, una zona perteneciente a la sindicatura de Baymena, Choix, en Sinaloa, cuando uno de los asistentes, presuntamente un narcotraficante, les pidió que "se aventaran" una más; a lo que los músicos se negaron, pues ya habían terminado su actuación y tenían que dejar el escenario para otro conjunto musical.

Ante la negativa, varios hombres cercaron a Julio César Leyva Beltrán, de 41 años, director, acordeonista y primera voz de Ciclones de Arroyo (fundado en 1991), y con golpes y empujones lo obligaron a subir a una camioneta de lujo modelo SUV, que partió inmediatamente de la zona.

Durante dos horas, sus compañeros trataron de localizarlo, pero a las 03:12 horas fue reportado como paciente baleado, tras haber ingresado a un hospital con huellas de tortura y golpes en diferentes partes del cuerpo.

Julio César Leyva Beltrán presentaba una fractura expuesta en la tibia y peroné de la pierna izquierda, provocada por un disparo de arma de grueso calibre.

Louis Alberto Jauss, subprocurador de Justicia del estado, señaló que en su declaración preparatoria, el músico y cantante afirmó haber sido lesionado por una bala perdida cuando trasladaban sus instrumentos hacia su vehículo. "Fue una bala perdida. El baile se terminó y todo el mundo vio... se oyeron los truenos y me tocó a mí".

Leyva Beltrán negó que hubiera sido víctima de un secuestro o de torturas por parte de hombres armados.

Alacranes Musical
9 de mayo de 2011

A las 02:30 horas de la madrugada, poco después de presentarse en un baile en la comunidad de Pedro Escobedo, en Querétaro, los integrantes del grupo regional Alacranes Musical, surgido en 1998 en Santa María del Oro, Nayarit, famosos por temas como *Si yo fuera tu amor*, *Por tu amor*, *Sin tu amor* y *Dame tu amor*, entre otras, viajaban a bordo de una camioneta Ford modelo Vans color blanco, con destino al estado de Texas —en donde se presentarían el fin de semana—, cuando al cruzar por un tramo de la carretera San Luis Potosí-Matehuala, se percataron de que otro vehículo los seguía.

Al ver que no se trataba de ningún auto oficial, y después de que sus ocupantes les hicieran señas para que se detuvieran, los músicos de Alacranes Musical aceleraron la marcha para alejarse; sin embargo, esto provocó que metros más adelante empezaran a recibir disparos.

Guillermo Ibarra, líder de la banda, dijo horas después del atentado: "Nos venía persiguiendo una troca, nos hizo la seña de que nos paráramos. Pero no se veía que fuera de la policía o de tráfico, entonces no nos quisimos parar y empezaron a disparar".

Hicieron blanco 12 impactos de bala en el costado posterior derecho de la camioneta de Alacranes Musical, pero no lograron herir a nadie, ya que al momento de las detonaciones los músicos se lanzaron al piso para protegerse.

En una rápida maniobra, el conductor de la camioneta logró escapar de los pistoleros para continuar su camino hacia los Estados Unidos. Un día después, la compañía discográfica que promociona al grupo duranguense lanzó un comunicado de prensa en el que reportó su condición: "Afortunadamente los integrantes salieron ilesos de este peligroso percance".

Nunca se supo si se trató de un intento de asalto, secuestro o intimidación.

Juan José Segura Padilla, mánager de Los Cuates de Sinaloa
13 de diciembre de 2011

A las 02:20 horas de la madrugada, la camioneta de lujo modelo Lincoln color blanco, con matrícula de Arizona, donde se trasladaba Juan José Segura Padilla —conocido también como el cantante *JJ*, y mánager del grupo musical Los Cuates de Sinaloa (integrado por los hermanos Gabriel, requinto y primera voz, y Martiniano *Nano* Berrelleza, bajo y segunda voz), originarios de Puerto Vallarta, Jalisco, y famosos por su interpretación del corrido *La Reina del Sur*—, fue alcanzada por otro vehículo en el que viajaban hombres armados, sobre la carretera Internacional México 15, a un kilómetro al sur de la calle 19, en Guasave, Sinaloa.

Al momento de emparejarse ambas camionetas, los sicarios lanzaron ráfagas de balas sobre el promotor y artista, lesionándolo gravemente de cuatro impactos: uno en el tórax, que se alojó en un pulmón, otro más en el estómago, que penetró en el hígado, y dos más que hicieron blanco en la parte alta de la espalda.

Tras la agresión, Juan José Segura Padilla perdió el control del vehículo automotor, golpeando el muro de contención y saltando hacia el lado opuesto de la carretera, donde finalmente quedó varado.

Metros atrás, en otra unidad, viajaban Los Cuates de Sinaloa, quienes al percatarse de la agresión al mánager de inmediato desviaron su ruta, presumiblemente en dirección hacia la frontera con los Estados Unidos.

Juan José Segura Padilla fue auxiliado por una persona que pasaba cerca del lugar, quien lo trasladó a un hospital en Guasave, Sinaloa, donde elementos del Ejército mexicano y de la policía municipal lo resguardaron.

Segura Padilla tenía su domicilio en el fraccionamiento Mochicahui, en Los Mochis, y Los Cuates de Sinaloa, en Phoenix, Arizona, aunque ese día los músicos estaban hospedados en una casa en Los Mochis.

Se dirigían a cumplir una presentación en la fiesta de cumpleaños del también cantante grupero *el Tigrillo* Palma, de quien Segura Padilla era productor y promotor, al igual que del grupo Los Picadientes de Caborca.

Fuentes extraoficiales aseguraron que la casa en la que Los Cuates de Sinaloa estaban hospedados fue cateada por hombres desconocidos, minutos después de la agresión.

Nano Berrelleza, segunda voz de Los Cuates de Sinaloa, hizo patente su preocupación por el atentado a su mánager, en un testimonio que recoge la página web *Historias del Narco.com* (www.historiasdelnarco.com/2011/12/huyen-los-cuates-de-sinaloa-tras.html):

Es nuestro representante desde que empezamos, y de dos o tres años para acá empezó a grabar como cantante; no sabemos si grabó algún corrido que a alguien no le gustó, o se presentó en algún lado que a alguien le disgustó o si traía alguna novia por ahí de alguien.

Trabajamos juntos, pero nosotros andamos por nuestro lado y él por el suyo. Si él no fuera cantante y nada más, anduviera 100% de representante con nosotros.

Creo que no hubiera dudas que fuera sobre nosotros el atentado, pero, como somos dos agrupaciones en una e íbamos juntos, no sabemos si era contra nosotros, contra él, o contra los dos.

Todo el tiempo hemos estado muy bien gracias a Dios, cuidamos las letras que grabamos, cuando tocamos en cualquier fiesta o evento tratamos de complacer a todos y que se vayan contentos.

Tras varios días en el hospital, después de haberse sometido a una cirugía, Juan José Segura Padilla viajó a Phoenix, Arizona, donde el periodista Tony Dandranes logró platicar con él en exclusiva para el programa *Primer Impacto* de la cadena Univisión. En la charla, el promotor aseguró que muy probablemente los sicarios se habían confundido de persona. "No tengo enemigos, sólo Dios sabe. Sólo Dios sabe si el atentado ése iba realmente... no sé, alguna envidia de alguien hacia mí, pero yo te puedo decir [que] la gente que tal vez pudo haber estado un poco a disgusta conmigo, es alguien que tal vez no le quise producir un disco porque no me llamó la atención."

Y a la pregunta sobre por qué fue abandonado por Los Cuates de Sinaloa después de haber sufrido la agresión, respondió reflexivo: "Creo ellos pasaron y yo creo por temor o por... No sé qué, no sé por qué razón no decidieron pararse ahí a ayudarme".

"¿Te duele eso?", preguntó Tony Dandranes. "Mmmm, pues sus razones tendrían, yo creo el pánico que sintieron y lo entiendo. Si hubiera sido el caso al revés, yo sí me paro."

Que me entierren con narcocorridos, de Edmundo Pérez
se terminó de imprimir en agosto de 2012
en los talleres de Litográfica Ingramex, S.A. de C.V.
Centeno 162-1, Col. Granjas Esmeralda,
C.P. 09810 México, D.F.